I0100001

Rosa Koire

DETRÁS DE LA MÁSCARA VERDE
La Agenda 21 desenmascarada

OMNIA VERITAS.

Rosa Koire
(1956-2021)

DETRÁS LA MÁSCARA VERDE
Agenda 21 desenmascarada

Behind the green mask - U.N. Agenda 21, The post
Sustainability Press - 2011

Traducido del americano y publicado por
Omnia Veritas Ltd

⊘MNIA VERITAS.

www.omnia-veritas.com

© Omnia Veritas Limited - 2022

Dedicado a la memoria de
ESTELLE W. KOIRE
Su valor para decir la verdad
"Esfuérzate, busca, encuentra y no te rindas.

EL INSTITUTO DE POST-SOSTENIBILIDAD

Nuestra misión

El Instituto Post-Sostenibilidad se creó para estudiar el impacto de la Agenda 21 de la ONU, el desarrollo sostenible y el comunitarismo en la libertad. Nuestra intención es supervisar el progreso del movimiento de sostenibilidad y predecir los resultados más probables si continúa sin control.

Somos un grupo de reflexión no partidista y no gubernamental con sede en Estados Unidos. Pretendemos ofrecer un centro de información sobre las alianzas de las Naciones Unidas con grupos no gubernamentales y gubernamentales que pretenden establecer el comunitarismo como forma dominante de gobierno mundial, y servir de punto de encuentro para quienes se oponen al desmantelamiento de la libertad. Agradecemos su participación y ayuda.

Post-sostenibilidad: el estado de los sistemas ambientales, políticos, sociales y económicos después de la imposición del comunitarismo/comunismo.

ROSA KOIRE

Rosa Koire fue directora ejecutiva del Instituto de Post Sostenibilidad. Es experta en tasación de inmuebles comerciales y especialista en la valoración de fincas de alto standing. Su carrera de veintiocho años como testigo experto en el uso del suelo y los valores de la propiedad ha dado lugar a la identificación de los impactos del desarrollo sostenible en los derechos de propiedad privada y la libertad individual.

En 2005, fue elegida para formar parte de un comité de supervisión ciudadana en Santa Rosa, al norte de California, para revisar un proyecto de reurbanización de 1.300 acres en el que viven y trabajan 10.000 personas. Su investigación sobre los documentos que respaldan los planes la llevó a ella y a su socio Kay Tokerud a cuestionar la base fraudulenta del enorme proyecto de reurbanización de Gateways. La ciudad, en un esfuerzo por evitar que Koire se pronunciara en contra del proyecto, retiró de la zona de reurbanización el área en la que se encontraban las propiedades de Koire y Tokerud.

Sin embargo, Koire y Tokerud se defendieron, ya que no querían abandonar a los miles de empresas y propietarios de viviendas que aún permanecen en la zona. Formaron una asociación de empresas y propietarios y una organización sin ánimo de lucro (Concerned Citizens of Santa Rosa Against Redevelopment Law Abuse) y consiguieron recaudar casi 500.000 dólares en donaciones y trabajo legal gratuito para demandar al Ayuntamiento de Santa Rosa y detener el proyecto. La demanda, *Tokerud contra la ciudad de Santa Rosa*, fue desestimada por el Tribunal Supremo en , pero el tribunal dictaminó que podían seguir adelante, y apelaron al Tribunal de Apelación del Primer Distrito de San Francisco, donde volvieron a perder en 2009. Los tres años de litigios contra el proyecto de expropiación y reurbanización contribuyeron a retrasar el proyecto mientras la economía se hundía. La ciudad no ha puesto en práctica sus planes, pero aún tiene la facultad de expropiar la zona de 1.100 acres.

En el transcurso de la acción judicial, Koire se dio cuenta del origen de la revolución de la planificación que llevaba observando más de una década: la Agenda 21 de la ONU. A través de su investigación, descubrió que gran parte de la financiación y el poder de ejecución de los programas locales de uso del suelo de la Agenda 21/desarrollo sostenible proviene de la desviación de los impuestos sobre la propiedad a las agencias de reurbanización.

Su labor de proporcionar información y soluciones a los ciudadanos que luchan contra la Agenda 21 de la ONU se ha extendido por todo el país y por todo el mundo, a medida que más y más personas toman conciencia de las crecientes restricciones a sus derechos de propiedad y de los métodos utilizados para aplicar la ingeniería social.

A través de su sitio web, democratsagainstunagenda21.com, y de su organización táctica de base, la Coalición de Vecinos de Santa Rosa, ella y otros líderes han permitido que activistas de muchas cuestiones aparentemente no relacionadas se unan y luchen contra el origen: la Agenda 21 de la ONU/Desarrollo Sostenible.

En 2010, la organización sin ánimo de lucro que fundó con su socio se amplió y pasó a llamarse The Post Sustainability Institute.

Rosa Koire, ASA Tasadora General Certificada de California
Tasadora Senior Acreditada, Sociedad Americana de Tasadores Jefa
de la Rama de Distrito, Departamento de Transporte de California
Licenciada en Artes, Inglés, UCLA

PREFACIO

El brazo de la Agenda 21 de la ONU es largo y se extiende a todas las regiones del mundo. La filosofía del comunitarismo está presente en este plan. Querer que el gobierno sirva a la gente proporcionando servicios, infraestructuras y protección no es contradictorio con oponerse a la imposición de restricciones que rompen los corazones y las carteras de los propietarios.

El comunitarismo establece un "equilibrio" entre los derechos del individuo y los llamados derechos de la comunidad. Dado que los derechos de la comunidad no están definidos en una constitución, pueden cambiar sin previo aviso; los derechos del individuo se equilibran con un libro de reglas amorfo que se redefine constantemente. Estas reglas se escriben en la oscuridad y el individuo se enfrenta a ellas al amanecer, y solo.

El lema de la Agenda 21 de la ONU de *proteger los derechos de las generaciones futuras y de todas las especies de los posibles crímenes del presente* es tanto una cortina de humo como una carta de derechos. Sobre la base de este elevado principio, los derechos del individuo son tachados de egoístas y los que luchan por ellos, de inmorales. La filosofía de que simplemente vivir y morir es un peligro directo para la tierra es autodestructiva y realmente perjudicial para la tierra de la que somos administradores.

Hay que arrancar la máscara verde de los rostros distantes de las personalidades: los pequeños dictadores que dirigen los fideicomisos, las fundaciones, los departamentos de planificación, los consejos municipales, provinciales y estatales, las fundaciones no gubernamentales, etc. Hay que quitar la máscara verde a los que han secuestrado el movimiento ecologista. Detrás del dinero verde, de los más de cinco billones de dólares de dinero privado utilizados para pedir préstamos verdes, de los corredores de créditos de carbono, de la enorme riqueza de la compra de vertederos, de los "derechos de emisión de carbono", de las tierras inaccesibles en los países del tercer mundo, detrás de la codicia que se espera, levante la máscara para ver quién está detrás. Vea lo que la gente inteligente y educada de todo el mundo está descubriendo: existe un plan de gobierno global que está carcomiendo como un cáncer con metástasis a todas las naciones del mundo.

Bajo la bandera de salvar el planeta, ahogamos la libertad. Bajo la máscara del verde, nuestras libertades civiles están restringidas, limitadas y sofocadas en cada pueblo y aldea. El plan se impone localmente, pero su propósito es servir al globalismo...

Su gobierno es una *corporatocracia*, un nuevo estado autoritario que consolida su producción en un canal más controlable y explotable. La razón por la que tu gobierno te engaña y te dice que todo esto es bueno para ti es que no hay beneficio en llevar a cabo un levantamiento masivo. Es demasiado perturbador. Los mercados quieren que sigas cooperando... tranquila y mansamente.

La tecnología que se te ofrece se utiliza en realidad para condicionarte a esperar que te espíen, y a espiar a los demás.

Todos los estados totalitarios de la historia se han basado en la recopilación de datos. Los nazis eran maestros en la recopilación y el análisis de datos. Su gobierno tiene ahora capacidades tecnológicas que superan con creces todo lo visto en el planeta hasta la fecha. Estás en medio de la mayor estafa de relaciones públicas de la historia del mundo. La bonita visión pastel de la vida en una urbanización de crecimiento inteligente es una manipulación, una máscara. De hecho, estos planes están diseñados para restringir su libertad.

La concienciación es el primer paso de la Resistencia.

El individuo y el colectivo

El comunitarismo consiste en equilibrar los derechos del individuo con los de la comunidad. La Constitución estadounidense nos garantiza los derechos con los que nacemos: la vida, la libertad y la búsqueda de la felicidad. El último derecho, según la filosofía de John Locke, es la "propiedad". La propiedad no es sólo un terreno. Tú eres tu propia propiedad. La abolición de la esclavitud era una parte fundamental de la Declaración de Independencia original.

Entonces, ¿cómo se pueden "equilibrar" los derechos individuales con los derechos comunitarios? La comunidad no tiene derechos según la Constitución de los Estados Unidos.

Los individuos tienen derechos y responsabilidades, pero la comunidad en su conjunto, ¿qué es? ¿El colectivo? Siempre que se "equilibran" o se sumergen o se subordinan o se consensúan los derechos del individuo, se obtiene algo diferente a lo que la Constitución nos garantiza.

He aquí un ejemplo:

Tomemos dos vasos y pongámoslos sobre una mesa.

Un vaso está lleno de agua. Llamémosla república constitucional.

El otro vaso está lleno de leche. Llamémoslo estado comunitario.

Ahora cogeremos una jarra de cristal y la pondremos sobre la mesa.

Mezclemos el agua y la leche vertiendo ambas en la jarra. ¿Qué obtenemos?

Ya no es agua, ¿verdad? Es la leche. Leche acuosa. Pero la leche. No es agua.

La tercera vía.

Comunitarismo: equilibrar tus derechos individuales con los "derechos de la comunidad". Ahora se define como la "comunidad global". Esto se les presenta como la nueva forma ilustrada de discurso político.

Eres "egoísta" si insistes en tus derechos y libertades individuales.

Esta es la razón de ser de la Agenda 21/Desarrollo Sostenible de la ONU.

Por el bien del planeta. Por la seguridad de todos. Para su salud.

Para proteger a sus hijos. Limitar la violencia en el trabajo. Para frenar el acoso.

Para proteger los "derechos" de las personas del futuro.

Todas estas ideas son loables, pero de alguna manera siempre conducen a leyes más restrictivas que afectan a todos. Criminalizan a todo el mundo. En muchas ciudades se han criminalizado las simples ordenanzas.

¿Qué significa eso? Si no cortas el césped, es una infracción.

¿Tendrá su hijo antecedentes penales si llama "maricón" a otro niño? ¿Serás responsable si tu empleado dispara a alguien cuando sabías que estaba molesto por una ruptura con su mujer?

¿Su hija de 15 años será registrada al desnudo en el aeropuerto? ¿Perderá la custodia de su hijo de 10 años porque tiene sobrepeso?

¿Te van a desalojar de tu piso por haber fumado en el balcón, infringiendo una ordenanza local? ¿Se le cobrará un impuesto por conducir 15 millas al trabajo en lugar de ir en bicicleta? ¿Le multarán por regar su huerto? ¿Se utilizará su contador inteligente para decir a los anunciantes qué deben venderle? ¿Su coche inteligente con función de parada a distancia será detenido por alguien en la capital de su estado mientras usted conduce?

¿Denunciará su vecino a la unidad de policía de proximidad de su departamento de policía local porque parece actuar de forma extraña? ¿Se le negará el derecho a utilizar el agua de su pozo? ¿Tendrá que pagar el triple de su tarifa eléctrica original porque su ciudad ha decidido entrar en la generación comunitaria de electricidad? ¿Tendrá que donar hectáreas de su rancho al espacio abierto del condado antes de poder construir una casa en él? ¿Pagará usted años de impuestos sobre la propiedad sin recibir ningún servicio a cambio porque la deuda de reurbanización ha paralizado a su ciudad? ¿Tendrá que hacer su trabajo voluntario obligatorio antes de poder inscribir a su hijo en las Pequeñas Ligas?

¿Le acusarán de no preocuparse por el planeta si cuestiona el desarrollo sostenible?

Sus derechos han sido eliminados. Bienvenidos al nuevo orden mundial del siglo XXI.

Además de rechazar su solicitud de urbanismo, ¡pretendemos confiscar su propiedad en nombre del bien común!

OK, ¿QUÉ ES LA AGENDA 21 DE LA ONU Y POR QUÉ DEBERÍA IMPORTARME?

¿Se ha preguntado de dónde vienen los términos "sostenibilidad", "crecimiento inteligente" y "desarrollo urbano de alta densidad y uso mixto"? ¿No le parece que hace una década no había oído hablar de ellos y ahora todo parece incluir estas palabras de moda? ¿Es sólo una coincidencia? Que todas las ciudades, condados, estados y naciones del mundo están cambiando sus códigos de uso del suelo y sus políticas gubernamentales para alinearse con... ¿qué?

También sé que tenemos un gobierno del pueblo, por el pueblo y para el pueblo, y que por muy engorroso que sea a veces (Donald Rumsfeld dijo que los chinos lo tienen fácil; no tienen que preguntar a su pueblo si está de acuerdo. Y Bush hijo dijo que sería estupendo tener un dictador mientras él fuera ese dictador), tenemos un gobierno de tres ramas y la Carta de Derechos, la Constitución y la autodeterminación. Esa es una de las razones por las que la gente quiere venir a Estados Unidos, ¿no? Aquí no tenemos la Plaza de Tiananmen, en general (sí, me acuerdo de Kent State - no es lo mismo, y sí, es un escándalo). Así que no estoy en contra de hacer de ciertos temas una prioridad, como el uso consciente de la energía, el patrocinio de las energías alternativas, el reciclaje/reutilización y la sensibilidad hacia todos los seres vivos.

Pero también está la Agenda 21 de la ONU. ¿Qué es la Agenda 21?

Dado que sus políticas se incorporan a todos los planes generales de ciudades y condados de Estados Unidos, es importante que la gente sepa de dónde proceden. Aunque muchos apoyan a las Naciones Unidas por sus esfuerzos de pacificación, pocos saben que tiene políticas de uso del suelo muy específicas que quiere ver aplicadas en cada ciudad, condado, estado y nación. Este plan específico se llama Agenda 21 para el Desarrollo Sostenible de la ONU, que se basa en el comunitarismo. Hoy en día, la mayoría de los estadounidenses han oído hablar de desarrollo sostenible, pero desconocen en gran medida la Agenda 21, el programa del siglo XXI.

En resumen, el plan consiste en que los gobiernos tomen el control del uso del suelo y no dejen ninguna decisión en manos de los propietarios privados. Asume que la gente no es buena administradora de su tierra y que el gobierno hará un mejor trabajo si está a cargo.

Los derechos individuales en general deben ceder ante las necesidades de las comunidades determinadas por un órgano de gobierno globalista. Además, las personas deben ser agrupadas y amontonadas en asentamientos humanos o islas de habitación humana, como se denominan en los documentos de la Agenda 21 de la ONU, cerca de los centros de empleo y del transporte. Otro programa, llamado Proyecto de Tierras Silvestres, explica cómo se va a reservar la mayor parte de la tierra para los no humanos. En previsión de nuestras objeciones a estos planes, nuestros derechos civiles serán disueltos.

La Agenda 21 de la ONU cita la riqueza estadounidense como un problema importante que debe corregirse. Pide que se rebaje el nivel de vida de los estadounidenses para que la gente de los países más pobres tenga más; esto es una redistribución de la riqueza. Aunque la gente de todo el mundo aspira a los niveles de prosperidad que tenemos en nuestro país, y arriesga su vida para conseguirlo, los estadounidenses son retratados de forma muy negativa y serán reducidos a una condición más cercana a la media mundial. Sólo entonces habrá justicia social, que es una piedra angular del plan de la Agenda 21 de la ONU.

Las políticas de la Agenda 21 de la ONU se remontan a la década de 1970, pero realmente se pusieron en marcha en 1992 en la Cumbre de la Tierra de la ONU en Río de Janeiro, cuando el Presidente Bush la suscribió junto con los líderes de otros 178 países. Al tratarse de una "ley blanda", no tuvo que ser ratificada por el Congreso. Al año siguiente, el Presidente Clinton comenzó a aplicarlo creando el Consejo Presidencial para el Desarrollo Sostenible (PCSD). Compuesto por funcionarios del gobierno, capitanes de la industria (entre ellos Ken Lay, de Enron) y grupos sin ánimo de lucro como el Sierra Club, una de las primeras tareas del PCSD fue proporcionar una subvención multimillonaria a la Asociación Americana de

Planificación para que elaborara una guía legislativa que sirviera de modelo a todas las ciudades, condados y estados de Estados Unidos para aplicar la Agenda 21 de la ONU. El documento, *Growing Smart Legislative Guidebook: Model Statutes for Planning and the Management of Change*, tardó siete años en completarse, y nueve años completos en llegar a la versión final. La guía, y no es sólo una guía sino un plan, contiene ejemplos de leyes, ordenanzas, normas, reglamentos y estatutos que deben incorporarse a los planes generales de todas las ciudades y condados de Estados Unidos. En 2002, todos los departamentos de planificación y todas las agencias locales, estatales y federales que regulan el uso del suelo tenían una copia y estaban aplicando las prácticas. Todas las universidades, colegios, institutos, escuelas públicas e instituciones educativas de nuestro país utilizaban *Growing Smart* en sus planes de estudio. ¿Te resulta familiar? Growing Smart es crecimiento inteligente.

Una organización no gubernamental, el Consejo Internacional de Iniciativas Ambientales Locales (ICLEI), se encarga de aplicar los objetivos de la Agenda 21 de la ONU a nivel local. Más de 600 ciudades y condados estadounidenses son miembros. Los costes los pagan los contribuyentes.

De acuerdo, dirás, interesante, pero no veo que eso me preocupe realmente.

A continuación se ofrecen algunos ejemplos:

Vivas donde vivas, apuesto a que últimamente se han construido o proyectado cientos de pisos en el centro de tu ciudad. En los últimos diez años se ha producido una "revolución de la planificación" en Estados Unidos. Es la aplicación de *Growing Smart*. Su terreno comercial, industrial y multirresidencial ha sido recalificado a "uso mixto".

Casi todo lo que se ha autorizado se ha diseñado de la misma manera: tiendas en la planta baja y dos o tres pisos de viviendas por encima. Uso mixto. Muy difícil de financiar para la construcción, y muy difícil de gestionar ya que se necesita una alta densidad de población para justificar el comercio minorista. Gran parte de la zona está vacía y la mayoría de los comercios de la planta baja también. Alta tasa de quiebra.

¿Y qué?

La mayoría de sus ciudades han aportado financiación y/o desarrollo de infraestructuras para estos proyectos privados. Han utilizado fondos de la Agencia de Reurbanización. Su dinero. Más concretamente, sus impuestos sobre la propiedad. ¿Se da cuenta de que ahora hay muy poco dinero en su fondo general, y que la mayor parte de ese dinero se destina a pagar el servicio de policía y de bomberos? Sus farolas están apagadas, sus parques están en mal estado, sus carreteras están rotas, los hospitales del condado están cerrando. El dinero que debería utilizarse para estas cosas se está desviando a la Agencia de Reurbanización durante 30 años. Es la única agencia gubernamental que puede emitir bonos sin el voto del pueblo. Y lo hicieron, y ahora estás pagando esos bonos durante los próximos 30 a 45 años con tus impuestos sobre la propiedad. ¿Lo sabías?

¿Qué tiene esto que ver con la Agenda 21?

La reurbanización es una herramienta utilizada para promover la visión de la Agenda 21 de rehacer las ciudades estadounidenses. Con la reurbanización, las ciudades tienen derecho a tomar una propiedad por dominio eminente -en contra de la voluntad del propietario- y darla o venderla a un promotor privado. Al declarar una zona de la ciudad "arruinada" (y en algunas ciudades, más del 90% de la superficie de la ciudad ha sido declarada arruinada), los impuestos sobre la propiedad de esa zona se desvían del fondo general. Esta restricción de los fondos disponibles empobrece a las ciudades, las obliga a prestar cada vez menos servicios y reduce su nivel de vida. Sin embargo, te dirán que es lo mejor, porque han instalado bonitas farolas y adoquines de colores en el centro de la ciudad. El dinero se redirige a la Agencia de Reurbanización y se distribuye entre los promotores favorecidos que construyen viviendas de baja renta y de uso mixto. Crecimiento inteligente. Las ciudades han construido miles de pisos en zonas de reurbanización y te dicen que eres terrible porque quieres tener tu propio patio trasero, tener privacidad, no quieres que te dicte la junta de una asociación de condominios, ser antisocial, no estar de acuerdo con el acuerdo, no mudarte a un piso estrecho y sobrevalorado en el centro de la ciudad donde pueden usar tus impuestos sobre la propiedad para pagar esta enorme deuda de bonos. Pero no funciona, y no quieres mudarte allí. Así que tienen que obligarte. Siga leyendo.

La habitación humana, tal y como se designa hoy, se limita a los terrenos situados dentro del límite de crecimiento urbano de la ciudad. Sólo se permiten ciertos diseños de edificios. Las propiedades rurales están cada vez más limitadas en cuanto a los usos que se pueden hacer de ellas. Aunque los condados afirman que apoyan los usos agrícolas, el consumo de alimentos producidos localmente, los mercados de agricultores, etc., en realidad hay tantas regulaciones que limitan el uso del agua y del suelo (hay corredores escénicos, corredores rurales interiores, corredores de la bahía, planes de área, planes específicos, planes de reurbanización, enormes tasas, multas) que los agricultores están perdiendo sus tierras por completo. Las carreteras del condado no están pavimentadas. La gente está siendo expulsada de la tierra, para volverse más dependiente, para venir a las ciudades. Deja los suburbios y vete a las ciudades. Dejar sus casas particulares por condominios. Dejando sus coches particulares para ir en bicicleta.

Bicicletas. ¿Qué tiene eso que ver? Me gusta ir en bicicleta y a ti también. ¿Y qué? Los grupos de defensa de la bicicleta son ahora muy poderosos.

La defensa de los derechos. Es un término elegante para ejercer presión, influir y quizás incluso acosar al público y a los políticos. ¿Cómo se relaciona esto con los grupos ciclistas? Grupos nacionales como Complete Streets, Thunderhead Alliance, y otros, tienen programas de formación que enseñan a sus miembros a ejercer presión para la remodelación, y forman a los candidatos para las elecciones. No se trata sólo de los carriles bici, sino también de reurbanizar las ciudades y las zonas rurales según el "modelo sostenible". El objetivo es un desarrollo urbano de alta densidad sin aparcamiento para coches. Los llaman "pueblos de tránsito". Esto significa que hay que demoler ciudades enteras y reconstruirlas según el modelo de desarrollo sostenible.

Los grupos de ciclistas, a menudo dominados por fanáticos llenos de testosterona, son utilizados como "tropas de choque" para este plan.

¿Qué plan? Llevamos perdiendo nuestras casas desde el comienzo de esta recesión/depresión, y muchos de nosotros nunca pudimos permitirnos esas casas para empezar. Conseguimos dinero barato, utilizamos todo lo que teníamos para meternos en estas casas, y ahora algunos las hemos perdido. Hemos sido atraídos, endeudados y hundidos. Barrios enteros están vacíos en algunos lugares. Algunos están siendo arrasados. Las ciudades no pueden permitirse ampliar los servicios fuera de sus zonas centrales. Poco a poco, la gente no podrá permitirse una vivienda unifamiliar. No podrán permitirse coches privados. Será más dependiente. Más restringido. Más fácil de supervisar y controlar.

Este plan es para toda la vida. Se trata del sistema educativo, el mercado energético, el sistema de transporte, el sistema de gobierno, el sistema sanitario, la producción de alimentos, etc. El plan consiste en restringir tus opciones, limitar tus fondos, reducir tus libertades y quitarte la voz. El plan es restringir tus opciones, limitar tus fondos, reducir tus libertades y negarte la voz. Una forma es utilizar la técnica Delphi para "crear consenso". Otra es infiltrarse en grupos comunitarios o crear asociaciones de vecinos con "líderes" elegidos a dedo. Otra es preparar y formar a los futuros candidatos a cargos locales. Otra es patrocinar a grupos no gubernamentales que van a las escuelas y forman a los niños. Otra es ofrecer subvenciones y fondos federales y privados para los programas locales que promuevan la agenda. Otra es formar a una nueva generación de planificadores del uso del suelo para que exijan el nuevo urbanismo. Otra es reconvertir las fábricas a otros usos, introducir medidas energéticas que penalicen la fabricación y establecer objetivos de consumo energético a niveles anteriores a 1985. Otra es permitir que la inmigración no regulada reduzca el nivel de vida y agote los recursos locales.

Todo lo que ha sucedido fue intencionado por su gobierno.

Profundicemos un poco más

Las tres piedras angulares de la Agenda 21 de la ONU para el desarrollo sostenible son la economía, la ecología y la equidad social, a veces denominadas las "tres Es".

El colapso económico crea una cadena de acontecimientos, pero a nivel micro (condado, ciudad) hay una marcada reducción de los ingresos para mantener los servicios. La pérdida de servicios en las zonas periféricas significa, por ejemplo, que las carreteras no se mantienen en las zonas rurales y suburbanas. La pérdida de servicios en las zonas periféricas significa, por ejemplo, que las carreteras no se mantienen en las zonas rurales y suburbanas, que las escuelas no reciben apoyo en estas zonas, que la policía, los bomberos y los servicios sociales no reciben apoyo en estas zonas, lo que conduce a un desplazamiento gradual a los centros urbanos más densos. Si a esto le añadimos el aumento del coste de la gasolina (manipulada) y el coste de la energía (manipulada) para calentar y enfriar los hogares estadísticamente más grandes, se produce una mayor presión para abandonar las zonas rurales y suburbanas. Reducir el consumo de energía es esencial.

El crecimiento inteligente/nuevo urbanismo en zonas de reurbanización es la supuesta respuesta: unidades más pequeñas, condominios adosados, poco o ningún aparcamiento, pocos coches privados. Más ojos en la calle. Los proyectos de reurbanización son una parte de la aplicación del plan de la ONU e incluyen la rezonificación de grandes secciones de sus ciudades en zonas de crecimiento inteligente. Esta manifestación física de la Agenda 21 de la ONU es ingeniería social pagada con el dinero de tus impuestos sobre la propiedad. Los impuestos sobre la propiedad en estas zonas se desvían de sus servicios a los bolsillos de unos pocos promotores y corredores de bonos durante décadas. ¿El resultado? Ciudades y condados en quiebra.

Además de estos factores, las normativas motivadas por el medio ambiente hacen que el desarrollo rural/suburbano sea prohibitivo. Desde la protección de los ríos, arroyos y acequias hasta la protección de las cuencas hidrográficas, pasando por la prohibición de las zonas de baño, las zonas interiores y los corredores rurales, y el aumento de la protección de las especies (las listas son cada vez más largas), el uso del suelo está muy restringido. El control de los pozos de agua y la pérdida de derechos de agua reducen las oportunidades de vivir fuera de las ciudades. Los programas de zonas silvestres que prohíben las carreteras y los senderos en las zonas rurales, mientras que supuestamente las protegen con servidumbres de conservación, aumentan la pérdida de independencia de nuestras fuentes de alimentos en . La venta de derechos de desarrollo a los fideicomisos de tierras agrícolas que impiden a los agricultores y ganaderos utilizar sus tierras y, por tanto, hacen imposible la agricultura durante más de una generación, pone en peligro nuestra capacidad de alimentarnos.

Si a esto le añadimos la presión de las campañas de protección del clima de ICLEI para reducir nuestro consumo de energía a los niveles anteriores a 1985, y el aumento de la regulación de la industria, tenemos la tormenta perfecta para la pérdida de puestos de trabajo y una mayor dependencia de otros países para las mercancías. El fomento de los huertos vecinales y urbanos es una manipulación. No se pueden cultivar suficientes alimentos para hacer algo más que proporcionar un complemento menor a los alimentos comprados, y la mayoría de la gente no es agricultora.

Para producir alimentos se necesita dedicación, conocimientos, agua barata, suelo de buena calidad no contaminado con plomo (como es el caso de la mayoría de los suelos urbanos) y suficiente tierra para lograr economías de escala. De lo contrario, sólo estás jugando. A medida que la población se urbaniza cada vez más y tiene menos capacidad para proveerse de alimentos o necesidades, cada vez más personas dependerán del gobierno para obtener vivienda, alimentos y otras necesidades. El propio gobierno pasa a depender de subvenciones y préstamos con condiciones. De este modo, los responsables políticos se ven influidos y presionados por la *corporatocracia*.

Las asociaciones público-privadas favorecen a unas empresas en detrimento de otras y desequilibran completamente el terreno de juego. Los negocios independientes se están hundiendo. La pobreza se está introduciendo en la clase media.

La equidad social, otra piedra angular de la Agenda 21, entra en juego aquí. Como factor de nivelación importante, la pérdida de dinero, tierra, alimentos e independencia energética llevará a Estados Unidos a la "equidad social" con los países más pobres. Este es uno de los objetivos de la Agenda 21. En 1976, la Conferencia de las Naciones Unidas sobre los Asentamientos Humanos (Hábitat I) declaró en su preámbulo que "la *propiedad privada de la tierra es también un instrumento principal para la acumulación y la concentración de la riqueza y, por tanto, contribuye a la injusticia social... El control público del uso de la tierra es, por tanto, indispensable*". Piense en las implicaciones de esto cuando hablemos del dominio eminente, las restricciones de uso de la tierra y las servidumbres de conservación. Se podría pensar que la equidad social significaría que los pobres serían elevados.

No. Hay elementos del concepto de equidad social que impiden el desarrollo de la "industria sucia" o cualquier cosa que sea "mala para la comunidad" en una zona de bajos ingresos. Las zonas de bajos ingresos no deben ser consideradas como un vertedero de contaminación. Sí, estoy de acuerdo. Probablemente tú también. Pero esa es la máscara verde. Detrás está la eliminación de TODA la industria de todas las áreas. Lo único que se construye en las zonas de bajos ingresos son viviendas para personas de bajos ingresos (con fondos de reurbanización.) El resultado es el almacenamiento de los pobres. La salud, la presunta atención sanitaria y la nutrición se verán afectadas. Se producirán problemas psicológicos, el estrés de vivir en zonas de crecimiento inteligente con otros desempleados o subempleados, y la delincuencia. La policía de proximidad (dependiente del Ministerio de Justicia) animará, si no exigirá, que la gente vigile a sus vecinos y denuncie las actividades sospechosas. Se identificarán más actividades como "delitos", como la obesidad, el tabaquismo, el consumo de alcohol cuando se tiene un problema con la bebida, decir palabrotas, dejar las luces encendidas, descuidar (en la percepción de alguien) a los niños, los ancianos y los animales domésticos, conducir cuando se podría ir en bicicleta, incumplir el toque de queda y no hacer el voluntariado obligatorio. La "comunidad" necesitará más fuerzas de seguridad para restablecer el orden, y a ello seguirán más normas y reglamentos. Los límites entre los grupos gubernamentales y no gubernamentales serán cada vez más difusos a medida que los grupos locales no elegidos tomen decisiones políticas utilizando la técnica Delphi para lograr el consenso. Los modelos chino y ruso son instructivos en cuanto a lo que se puede esperar del comunalismo. Lea *Vida y muerte en Shanghai*, de Nien Cheng, y *El archipiélago Gulag*, de Alexander Solzhenitsyn, para obtener ejemplos concretos. La Guerra contra el Terror es un plan comunista diseñado para aterrorizarte.

Se puede ver que el trabajo de base se ha hecho y se está aplicando en toda la nación. Cuando se crea una profunda dependencia y luego se retira el apoyo, el resultado es el caos y la pobreza.

La propaganda impregna nuestra cultura con mensajes de que sólo hay unos pocos ganadores y muchos perdedores; estamos matando la tierra y el tiempo se acaba; la prosperidad es un anacronismo y es perjudicial para la vida; la libertad individual es egoísta y perjudica a los menos libres.

Estos mensajes están diseñados para avergonzarte y presionarte, y para crear una sensación de urgencia que socava tu capacidad de pensar con claridad.

Al principio

A unque hay indicios anteriores de que la ONU pretendía controlar el uso de la tierra y gestionar las poblaciones (1976-Habitat I), el precursor de la Cumbre de la Tierra de Río de 1992 fue una reunión similar de la misma comisión en 1987, la Comisión Mundial de Medio Ambiente y Desarrollo (conocida como la Comisión Brundtland), que definió inicialmente el término "desarrollo sostenible". En su informe "Nuestro futuro común" para las Naciones Unidas, la Comisión Brundtland definió el desarrollo sostenible de la siguiente manera

> *Un desarrollo que satisfaga las necesidades del presente sin comprometer la capacidad de las generaciones futuras para satisfacer sus propias necesidades.*

Sólo faltaba declarar que nuestras actividades y estilos de vida actuales "comprometen la capacidad de las generaciones futuras para satisfacer sus propias necesidades" y decidir qué hacer al respecto.

Tras la presentación de "Nuestro Futuro Común" ante la Asamblea General de la ONU en 1987, se encargó a la Comisión Mundial de Medio Ambiente y Desarrollo (Comisión Brundtland) la elaboración de estrategias para alcanzar el desarrollo sostenible en el año 2000.

En la Cumbre de la Tierra de Río de 1992, la Comisión (presidida por Maurice Strong) volvió con la Agenda 21. No hay ningún aspecto de nuestra vida que no esté contemplado en este documento. Los cuarenta capítulos se dividen en cuatro secciones:

Sección I: Dimensiones sociales y económicas

Sección II: Conservación y gestión de los recursos para el desarrollo

Sección III: Reforzar el papel de los grandes grupos

Sección IV: Medios de aplicación

Puede leerlo usted mismo en el sitio web de la ONU. Basta con introducir Agenda 21 de la ONU en un buscador. Parte de la información más importante se encuentra en el capítulo 7 - Asentamientos humanos, que constituye la base de las "comunidades sostenibles", y en los últimos capítulos, que tratan de las tecnologías y los métodos de aplicación.

La base filosófica de gran parte de la legislación y la normativa de la Agenda 21 de la ONU es el principio de precaución. Se originó en la Cumbre de la Tierra de Río de Janeiro en 1992 y es el principio 15. La definición: *El principio de precaución establece que si una acción o política presenta un presunto riesgo de daño para el público o el medio ambiente, en ausencia de consenso científico de que la acción o política es perjudicial, la carga de la prueba de que no es perjudicial recae en los que toman la acción.*

Es una especie de principio de "culpable hasta que se demuestre su inocencia". Llamarlo principio lo convierte en una fuente de derecho en la Unión Europea. La UE no lo ha definido formalmente, pero lo utiliza para legislar en materia de alimentación, desarrollo tecnológico, comercio, medio ambiente y protección del consumidor. Es obligatorio. En Estados Unidos lo llamamos "enfoque de precaución", por lo que no está codificado como ley, pero se sigue utilizando en la elaboración de políticas. ¿Qué opinas de esto? Si no hay pruebas de que algo es perjudicial, se supone que hay que demostrar que no lo es. Esto es serio: piense en el cambio climático/calentamiento global, o en los impactos sobre las especies.

Imponerlo en casa

B ill Clinton fue elegido Presidente en noviembre de 1992 y seis meses después promulgó la Orden Ejecutiva 12852 por la que se creaba el Consejo Presidencial para el Desarrollo Sostenible (PCSD). Se reunió por primera vez en el verano de 1993 y continuó hasta 1999. Entre los miembros del PCSD se encontraban los secretarios de Transporte, Agricultura, Educación, Comercio, Vivienda y Desarrollo Urbano, Agencia de Protección Ambiental, Administración de Pequeñas Empresas, Energía, Interior y Defensa. Las empresas estaban representadas por los directores generales de Pacific Gas and Electric, Enron (Ken Lay), BP Amoco y Dow Chemical, entre otras. Las organizaciones ecologistas completan el cuadro, siendo las más destacadas el Consejo de Defensa de los Recursos Naturales, el Sierra Club, el Instituto de Recursos Mundiales, Nature Conservancy y el Fondo de Defensa del Medio Ambiente.

El PCSD comenzó inmediatamente a sentar las bases para la aplicación de la Agenda 21 en Estados Unidos. El objetivo era cambiar las políticas públicas para alinearlas con la nueva agenda del siglo XXI. El PCSD formalizó sus recomendaciones en *"Sustainable America-A New Consensus"*. Desde entonces, nunca hemos sido los mismos.

Consenso: neutralizar a los enemigos

Uno de los elementos de un nuevo estado de derecho es la creación de un nuevo lenguaje que lo acompañe. Llamado "jerga", este nuevo vocabulario tiene, para los entendidos, un significado diferente del que se puede entender al ver u oír las palabras. Casi todas las profesiones tienen su propia jerga, pero los responsables de la aplicación de la Agenda 21 de la ONU confían en la oscuridad de sus definiciones para evitar que te alarmes. Vivible. Se puede caminar. Vibrante. Ciclable. Consenso. Conversación. Progresivo. Comunidad. Diversidad. Huella de carbono. Inteligente. Visionario. Verde. Partes interesadas. Regional. Sostenible. Las palabras de moda y los eslóganes se utilizan como etiquetas para manipularte. Cuando se escuchan estas palabras de la jerga, se está condicionado a apoyar y aceptar el proyecto o plan al que se asocian sin cuestionarlo. Estas palabras, a través de su uso habitual en los medios de comunicación y su aceptación implícita por parte de tus compañeros, te dicen que algo es popular. Son las palabras de moda de los diseñadores. Una jerga que ha sido creada para ayudarte a sentir que perteneces, que estás haciendo algo positivo y bueno, y que serás aceptado como participante. Los mejores RRPP del mundo trabajan en estos términos, sólo para ti.

La palabra "consenso", por ejemplo, se define en mi diccionario como "*Una opinión o posición alcanzada por un grupo en su conjunto*". En la lista de elementos esenciales que deben incluirse en sus recomendaciones, el PCSD incluyó esta declaración:

Necesitamos un nuevo proceso de toma de decisiones en colaboración que conduzca a mejores decisiones, cambios más rápidos y un mejor uso de los recursos humanos, naturales y financieros para alcanzar nuestros objetivos.

Un nuevo proceso de toma de decisiones en colaboración. La nueva definición de consenso es la neutralización de la oposición expresada.

En la antigua forma de hacer las cosas, la forma democrática, se somete un asunto a los votantes y éstos lo votan directamente, o tienen un representante que considera los asuntos, los debate públicamente y luego vota. Si los votantes no están contentos con el resultado, pueden convocar un referéndum o destituir al representante.

América Sostenible: un nuevo consenso no permite la disidencia real. No puede haber lugar para el fracaso en la aplicación de la Agenda 21. De hecho, los secretarios de gabinete han indicado que pueden aplicar administrativamente unos dos tercios de las recomendaciones del PCSD. Sin embargo, no debe notar que no se le da la posibilidad de elegir en los asuntos más importantes de su vida, de modo que se le da la ilusión de que está tomando decisiones por sí mismo. Como en el ejemplo anterior de los vasos de agua y leche, este principio de tomar dos puntos de vista opuestos y mezclarlos en un tercero no representa realmente su opinión. Se podría decir que tampoco representa a la "otra" parte, pero como la "otra" parte dirige la reunión, se puede estar seguro de que la manipulación conducirá al resultado predeterminado. Verás que el agua nunca llega a la jarra. El verdadero sentido del consenso es privarte de tu voz y hacerte sentir que eres el único que tiene un problema con el resultado. El Consejo Presidencial de Desarrollo Sostenible ha incorporado la técnica Delphi en sus recomendaciones para forzar un "cambio más rápido" mediante una inteligente manipulación.

La técnica Delphi

Desarrollado por la Corporación RAND como técnica de control mental durante la Guerra Fría, el método Delphi se utiliza para conseguir que un grupo de personas acepte un punto de vista que se les impone mientras se les convence de que fue idea suya. En los años 70 y 80, esta técnica se utilizó para convencer a los propietarios de tierras de que aceptaran los mapas del Plan General. Delphi puede utilizarse en cualquier grupo, desde una persona hasta el mundo entero. Los facilitadores formados presentan una serie de opciones a un grupo, pero las han adaptado para guiar el resultado. Este método se utiliza sobre todo en las reuniones públicas, llamadas "reuniones de visión", organizadas por su ciudad o condado para obtener su opinión sobre Su Ciudad 2020 o 2035. El dinero para estos programas suele proceder de organismos federales (miembros del Consejo Presidencial de Desarrollo Sostenible) en forma de subvenciones a su gobierno local. Las reuniones se anuncian como una oportunidad para que usted dé su opinión sobre un nuevo y emocionante plan de reordenación del centro de la ciudad para el futuro. Suele tratarse de un plan específico para un proyecto de reurbanización o un plan de transporte regional que implica restricciones de vivienda y uso del suelo. Delphi se utiliza en reuniones de consejos escolares, cursos de formación, reuniones de asociaciones de vecinos y otros lugares en los que los organizadores quieren dar la impresión de que han escuchado las aportaciones de la comunidad y las han incorporado a su plan. Por cierto, nunca oirás la palabra "Delphi": nunca reconocerán que lo están haciendo.

Lo que tienes que saber sobre esto es que obviamente no tienes ninguna influencia.

Sólo se tendrán en cuenta los comentarios y observaciones que se ajusten al plan preaprobado. Todos los demás se escribirán en un gran bloc de papel y se tirarán después. La ilusión del apoyo público es todo lo que se necesita. Los organizadores pueden argumentar después que celebraron una reunión pública, que asistieron varios residentes, que se recogieron los comentarios del público y que la comunidad aprobó el plan. El facilitador suele ser un consultor privado que ha recibido formación profesional para dirigir y gestionar una reunión. Este consultor ha sido contratado por su ciudad para cumplir el requisito de que el proyecto haya sido visto y apoyado por sus ciudadanos: es SU plan. Si el proyecto es controvertido, es posible que la ciudad haya hecho un llamamiento a los grupos sin ánimo de lucro, las asociaciones de vecinos, las juntas y comisiones municipales y los empleados de la ciudad para que envíen miembros para reforzar la audiencia y superar a los posibles opositores. Esto es la guerra. En el raro caso de que la mayoría de los participantes se oponga al resultado previsto, el facilitador cierra la reunión y la reprograma para otro momento y lugar. Experimentas el nuevo consenso.

Veamos qué ocurre en una reunión de Delphi. Al entrar por la puerta, se le pide que se registre. Recibirá una tarjeta de identificación y, según el tipo de reunión, se sentará en mesas o en un auditorio. Se dará una breve descripción del proyecto y no se permitirán preguntas. El animador puede intentar establecer la demografía de los participantes pidiéndoles que levanten la mano si tienen entre 18 y 25 años, 26 y 35, etc. La reunión comienza ahora en serio.

Entre los oradores habrá funcionarios del gobierno, a veces su alcalde o concejales, representantes de organizaciones sin ánimo de lucro y empresarios locales interesados en el resultado, como ingenieros, arquitectos y planificadores. El horario de las reuniones es apretado y hay pocas oportunidades para hacer preguntas. Las preguntas que se permiten suelen responderse brevemente o aplazarse a un momento posterior.

El facilitador ha elaborado atractivas diapositivas en PowerPoint y coloridos folletos con muchas imágenes de personas de clase media disfrutando en edificios de varias plantas iluminados por el sol y con amplias aceras con mesas de bar. Se nota que no hay industria manufacturera. En esta agradable utopía hay pocos coches, muchos trenes de alta velocidad, cielos azules y bicicletas. Muchas bicicletas. Parques al aire libre, pero sin jardines privados. Porches poco profundos que dan a la calle. Edificios construidos justo detrás de la acera y tocando a sus vecinos.

Se le puede mostrar un conjunto de mapas de su ciudad y pedirle que coloree las zonas en las que le gustaría ver la utopía en colores pastel en lugar de lo que existe actualmente. Por cierto, a menudo los propietarios de la zona afectada por el proyecto no han sido informados deliberadamente de esta reunión y no se les ha pedido que asistan. Esta reunión de es para el "público", lo que significa que cualquiera puede asistir desde cualquier lugar y dar su opinión sobre la visión.

Mientras la gente garabatea alegremente con sus lápices de colores y sus estrellas doradas como si fueran niños de jardín de infancia, no son conscientes de que un gran porcentaje del grupo ya ha sido informado del proyecto y ha recibido instrucciones para dirigir su mesa. Sí, hay "shills" en todas las mesas. En las grandes reuniones, pueden identificarse como parte del equipo organizador y dirigir la mesa abiertamente. Mientras las personas reales desprevenidas hablan, los supervisores de la mesa observan su comportamiento. Quién es contestatario, quién es complaciente, a quién se le puede hacer una escena, a quién se le puede hacer apoyar el proyecto. Se identifican los "líderes" del barrio que cooperan para su posterior cultivo. Se utilizarán para crear asociaciones de vecinos o se les animará a dominar las asociaciones existentes.

Cuando la reunión se desarrolle sin problemas, nunca te darás cuenta de lo evidente.

Que no se le ha dado ninguna opción real, y que todo el material impreso muestra el proyecto tal y como será cuando se finalice, independientemente de lo que usted diga. En tu mesa, podrías decir algo como "Oye, no me gusta la idea de reducir la calle principal a dos carriles". Pero, o bien te ignorarán, o bien muchos de los asistentes a la mesa se unirán para demostrarte que eso es lo mejor para la comunidad y que ¿no quieres que tu ciudad sea amigable con las bicicletas y los peatones?

Se podría decir: "¿Cómo puede pasar el servicio de bomberos por ahí si se pone una mediana en la calle central? Se le dirá que esto ya ha sido aprobado por los bomberos y se anotará su comentario para su posterior rechazo.

¿Qué pasa si te atreves a hablar? El comunitarismo está en el corazón de las reuniones de consenso. Un elemento vital del comunitarismo es el uso de la presión social para que te conformes. La vergüenza. El objetivo es crear un ambiente de aislamiento en la reunión para los que no están de acuerdo. La idea de disentir es demasiado aterradora, demasiado expuesta y demasiado antisocial para que te atrevas a hacer el ridículo y a la desaprobación de tus compañeros. Así que si te atreves a hablar, te ignorarán, se burlarán de ti, te humillarán, te abuchearán o te regañarán. Los supervisores de la mesa pueden animar a a alguien que han identificado como "susceptible de causar una escena" para que esté de acuerdo contigo en voz alta, con el fin de hacer parecer que tienes un punto de vista marginal.

El facilitador puede permitir que este pequeño caos continúe durante un minuto para que se libere la tensión y se olvide su pregunta.

Al final de la reunión le agradecerán su contribución y se irá con la sensación de que es el único al que no le ha gustado el plan o se ha sentido manipulado. Puede que incluso decida no volver a una de estas reuniones, ya que no se sintió realment escuchado y, además, le quitó horas de la tarde. Puede que te sientas un poco avergonzado por haber estado viendo en la propiedad de otra persona, alguien que no estaba allí y que no podía protestar porque le gusta su propiedad tal y como está. Tal vez no quiera pensar en lo que supondría hacer realidad esa visión. Pero te encoges de hombros y te diriges a tu coche con la sensación de haber sido un buen ciudadano y haber participado en un acto comunitario. Ha sido sometido al método Delphi.

¿Cómo puede ocurrir todo esto sin mi conocimiento o aprobación?

No se le pide que vote sobre las actividades secretas de su gobierno.

Los tratados y acuerdos, como la Agenda 21 de la ONU, la Agenda para el Siglo XXI, se concluyen sin que usted se entere.

Tal vez una firma presidencial pueda sustituir a la del Congreso, o tal vez ni siquiera sea necesaria.

¿Que no te hayas dado cuenta no significa que no haya ocurrido?

Si está en el periódico, en la segunda sección, en la página 3, un día del año, ¿se le informó? Si el condado celebró 15 reuniones sobre la elaboración del plan general (en pleno cumplimiento de la Agenda 21 de la ONU) y usted se quedó en casa viendo la televisión o asistió a 15 reuniones en las que nunca se mencionó la Agenda 21, ¿significa eso que no existe? Si no se juntan todas las diferentes restricciones, regulaciones, películas de propaganda, libros, radio, revistas y televisión, ¿significa que no existe? Lo irónico es que la Agenda 21 de la ONU reclama una mayor participación ciudadana pero lo hace creando tantos consejos, comisiones, agencias regionales, organizaciones sin ánimo de lucro, reuniones y programas que es imposible estar al día de lo que ocurre. Así que necesariamente nos volvemos más fragmentados, menos conectados, agotados y aislados porque no podemos seguir el ritmo. La llamada participación ciudadana está dictada por falsos grupos de vecinos dirigidos por grupos de presión y facilitadores a sueldo. Los consejos y las comisiones se eligen en función de los "jugadores de equipo" o de los "shills" seleccionados para impulsar un juego final aplastando a los pocos ciudadanos reales y ajenos a él. Estos grupos son los que "seleccionan" a los candidatos a cargos públicos. Ellos son los que reciben las donaciones en época de elecciones. Es poco probable que alguien que no juegue el partido acabe en la papeleta. Luego se nos dice que NOSOTROS somos los que estamos detrás de estas nuevas regulaciones.

Estamos demasiado agotados para luchar en más de un asunto. Podemos ser víctimas de las normas de nuestro gobierno, pero como se aplican a un proyecto, propiedad o negocio a la vez, rara vez tenemos la oportunidad de unirnos. O puede que tengamos miedo de que el gobierno, los grupos locales o los periódicos nos tomen el pelo si adoptamos una postura. Cuantos menos seamos los propietarios de pequeñas empresas y propiedades privadas, menos nos importará o nos daremos cuenta cuando se tomen decisiones injustas. Así que una economía colapsada en la que perdemos nuestras casas y negocios apoya la Agenda 21 de la ONU.

Nunca se oye hablar de la Agenda 21/Desarrollo Sostenible en la radio conservadora. Tampoco se oye hablar de ello en la radio liberal.

No se ve en la FOX. No se ve en la MSNBC. No quieren hablar de ello. Los republicanos y los demócratas no rompen el silencio.

Ambos están a favor. Cuatro presidentes la han apoyado. Dos Bushes, Clinton y Obama. Cuando hablamos de ello, nos llaman teóricos de la conspiración o nos dicen que no existe.

Pero lo hacen. Y lo saben. Así que ahora es una carrera. Estás en ello. La carrera para exponerlo. Para educar a tus amigos, a tus socios, a tus padres, a tus vecinos... para correr la voz. La gente sabe que está pasando algo, pero no puede ponerle nombre, y puede que no se dé cuenta de que todo está conectado. Pero tú sí. Tal vez se pregunte por qué le molestan en las reuniones. ¿Por qué los líderes no pasan el proyecto sin Delphi? Porque no quieren quitar la Máscara Verde. Tendrían que reconocer que existe una Máscara Verde, lo que provocaría disturbios civiles. Mire en la UE los resultados de las "medidas de austeridad". Disturbios. Ley marcial y aumento de la vigilancia interna.

La demostración de fuerza es intimidante, pero también nos permite ver lo que hay detrás de la máscara.

Otra razón por la que quizá no haya oído hablar de la Agenda 21 de la ONU es que la oposición a la misma suele equipararse con el antisemitismo. Llamarlo "complot sionista" es absurdo si se tiene en cuenta que el sionismo es un movimiento ultranacionalista que se opone totalmente a la disolución de las fronteras nacionales (Israel tiene el tamaño de la isla de Vancouver y es ligeramente mayor que Nueva Jersey). Si aborda la cuestión desde este punto de vista, le insto a que abandone esta actitud. No es productivo, no es realista (se podría decir que es una conspiración protestante, ¿tendría sentido?), y se alimenta directamente de la dialéctica que nos enfrenta. Los medios de comunicación convencionales pueden entonces calificarlos de "marginales", lo que justifica su falta de cobertura. Es estúpido y erróneo demonizar a todos los liberales. No juegues al juego de la alienación con la mitad de los Estados Unidos. Debemos trabajar juntos.

Familiarícese con el comunitarismo. Esta es la filosofía política que hay detrás. Dice que los derechos del individuo son una amenaza para la comunidad mundial. Todo el mundo es un individuo, por lo que todos somos una amenaza para la comunidad global. Nuestros derechos a la propiedad, a la movilidad personal y a las opciones de vida, a alimentarnos y vestirnos, son una amenaza para la comunidad mundial. Así que debemos ser racionados. Debemos ser controlados. Debemos ser vigilados. Hay que regular, restringir y equilibrar. Nuestros derechos individuales deben equilibrarse con los derechos innominados concedidos a la comunidad mundial por las Naciones Unidas, codificados en la Agenda 21/Desarrollo Sostenible.

El comunitarismo se basa en un paradigma: se crea un problema. Se propone una solución. La lucha entre los "dos bandos" produce un resultado que es una "tercera vía". Esta supuesta tercera vía nunca habría sido aceptada, salvo que ahora se le llame solución a un problema. El problema no existía. Y ahora la "solución" es la nueva "norma".

La corporatocracia. El gobierno de las empresas. Asociaciones público-privadas. Créditos del impuesto de sociedades. Organizaciones sin ánimo de lucro que también son corporaciones pero tienen una cara verde. Independientemente del partido político que digan apoyar, se turnan para financiar a ambos bandos. Es la Agenda 21 de la ONU. Administrado en su ciudad por las directrices y la formación del Consejo Internacional para las Iniciativas Ambientales Locales (ICLEI) y sus numerosos socios.

Todo el mundo se ve afectado por la Agenda 21/Desarrollo Sostenible de la ONU. No hay luz intermitente ni etiqueta, así que hay que ser inteligente para hacer la conexión. Como su gobierno utiliza nombres diferentes para todos los programas (es una sopa de letras), no reconoce que hay un vínculo cuando oye, por ejemplo, que:

Su hijo de 10 años no irá automáticamente a la escuela secundaria local, sino que tendrá que solicitar su admisión. Puede que acabe en la otra punta de la ciudad, donde nunca asistirá a la reunión de la Asociación de Padres de Alumnos, nunca se hará amigo de otros padres y no podrá ser voluntario en el aula (y escuchar la lección) porque no puede llegar a casa del trabajo a tiempo.

Su negocio está sujeto a una tasa de mejora comercial por parte de la autoridad local y usted tiene que pagarla mientras que sus clientes ahora tienen que poner dinero en los parquímetros, pagar enormes multas de aparcamiento y pueden ir al centro comercial donde el aparcamiento es gratuito.

Has heredado un terreno de tus padres, pero descubres que no puedes construir nada en él porque el condado ha aprobado una ordenanza que te prohíbe instalar un sistema séptico en tus 12 acres. Además, el corredor de recursos bióticos en el que se encuentra no permite su desarrollo. Además, estás en el "cono de visión", que permite a los ciclistas mirar tu terreno cuando recorren un sendero cercano, y un edificio arruinaría todo eso.

Pensaste que era demasiado bueno para ser verdad cuando tú y tu marido pudisteis comprar esa preciosa casa de tres habitaciones en los suburbios, pero el agente hipotecario estaba muy entusiasmado con el préstamo de sólo intereses y las cuotas eran asequibles. Ahora se encuentra con que no sabía cómo estaba estructurado el préstamo y, como la mayoría de sus nuevos vecinos, lo ha perdido todo. Esperas conseguir una de las viviendas asequibles cerca de la estación.

Intentas dejar de fumar porque te sientes un paria allá donde vas, pero es tan difícil que finalmente acuerdas con tu médico que lo mejor es tomar Zoloft o Wellbutrin para seguir adelante. Ahora parece flotar a lo largo del día con una acogedora manta alrededor de su cerebro, y entiende por qué su esposa toma Prozac.

No crees que te estén "obligando" a prescindir de tu vehículo particular, pero te das cuenta de que, aunque Libia sólo produce el 2% del petróleo mundial, el precio de tu gasolina ha subido un 20% desde que Gadafi empezó a gritar. También te das cuenta de que en tu ayuntamiento se habla de una "tasa por kilómetro de vehículo", que te cobraría por tus largos desplazamientos. Te has mudado a esta ciudad para comprar una casa, pero el mercado se ha hundido y no vas a ir a ningún sitio durante un tiempo.

Claro, usted fue un firme partidario de la idea del tren inteligente y votó a favor del aumento del impuesto sobre las ventas de un cuarto de céntimo a perpetuidad, pero ahora el tren es una esperanza lejana ya que subestimaron los costes y el dinero se destinó a la reparación de las vías (para el transporte de mercancías) y a grandes pensiones para el personal. Todos los residentes de Smart Growth que viven cerca de las vías oirán ahora los silbidos de los trenes de mercancías, olerán los humos a dos metros de distancia y se arriesgarán a sufrir lesiones en los cruces.

Estás cansado de que te llamen "adicto al petróleo" y no entiendes por qué las innovaciones en vehículos de bajo consumo nunca han sido financiadas por tu gobierno. Hasta ahora, cuando se puede pagar 40.000 dólares por un coche compacto que rinde 35 millas por galón.

Crías a tus hijos en la granja en la que creciste, pero hay tantas regulaciones y normas que te pasas horas al día rellenando papeles y cumpliendo nuevas leyes que no conocías hasta que las incumpliste. Los costes de los piensos, las semillas y el procesado aumentan más rápido de lo que puedes gestionar, y sin el trabajo de tu mujer estarías hundido. Todavía no has pagado a tus hermanos por la granja -la heredaste conjuntamente de tu padre- y ahora que los impuestos están subiendo, no estás seguro de poder conservarla a menos que vendas una servidumbre de conservación al Distrito de

Espacios Abiertos. Sin embargo, miras a tus tres hijos y te preguntas cómo podrán pagar el impuesto de sucesiones cuando mueras y no haya más derechos de conservación que vender.

Estás a punto de graduarte en el instituto y te gustaría entrar en una universidad estatal, pero necesitas un 4,2 o más y, además, no has hecho suficientes trabajos de voluntariado para organizaciones sin ánimo de lucro como tus amigos. Crees que tendrás que tomarte un año sabático y servir en los Cuerpos de Paz o en los Cuerpos Comunitarios, o nunca podrás entrar en una buena universidad.

De camino a casa desde el trabajo, te has dado cuenta de que tu compañía energética ha instalado un contador inteligente sin preguntarte, y ahora te has enterado de que pueden apagarlo a distancia, controlar tu consumo, reducir tu asignación y, en general, molestarte en cualquier momento. Los hijos de su hermano duermen en una habitación justo al lado de la batería de contadores de su complejo de viviendas y se quejan de dolores de cabeza y náuseas.

Has pasado de decir que nunca te molestarías en aprender informática a revisar tu correo electrónico cada media hora, y tus hijos nunca levantan la vista de sus pantallas cuando les hablas. Sus aulas están tan llenas que incluso se piensa que el aprendizaje a distancia podría ser una buena idea, y, oye, los libros de texto en línea deberían ahorrar dinero - pueden actualizarlos, editarlos, cambiar la historia con un clic del ratón - ¡Genial!

Acabas de volver de unas vacaciones en México y te has fijado en los escáneres de retina y de huellas dactilares que hay en todos los puestos de la aduana, y eso te ha puesto nervioso. Por supuesto, todavía no los utilizan en todo el mundo, pero ¿cuánto tiempo tardarán en hacerlo? También se lee que tienen drones espías en miniatura, colibríes, que pueden volar hasta 13 km, entrar y salir por las ventanas, ¡y grabar sonido y vídeo!

¿Quién? Su gobierno. ¿Qué más tienen? ¿Saben que estás leyendo esto?

Acudes a la reunión de una asociación de vecinos por sentido del deber cívico y te encuentras con que se está eligiendo a los miembros de la asociación.

Te gustaría proponer a tu vecino, pero no puedes porque el reglamento establece que cualquier candidato debe ser aprobado primero por la junta. Intentas hacer un comentario pero te abuchean tus "vecinos" con cascos de ciclista y lycra. Está claro que tienen un candidato que será elegido y que dice hablar en nombre de todo el barrio.

La impactante verdad es que no se trata sólo de reuniones Delphi; todo su gobierno y su sistema legal están siendo Delphi's en un gobierno de "consenso".

No se trata de una cuestión de izquierdas o de derechas. Ningún estadounidense quiere que aumente la vigilancia doméstica, que las empresas se apoderen de nuestros sistemas políticos, legales y gubernamentales, que se restrinja la libertad de expresión y que se desperdicien enormemente nuestros recursos con guerras interminables.

Llámelo crecimiento inteligente. Llámelo desarrollo sostenible. Llámalo zonificación basada en la forma. Llámalo desarrollo de capacidades. Llámalo construcción de consenso.

Llámalo edificio verde. Llámalo Wildlands. Llámalo Homelands. Llámelo educación basada en resultados. Oye, no es "Qué es la Agenda 21", es...

"¿Qué no es la Agenda 21?" No es republicano, y no es demócrata.

No es libertaria y no es independiente. Es comunista.

La nueva ley del país.

De lo internacional a lo local en un solo paso

E s el momento de la visión de conjunto. Primero veremos la historia y luego lo que hacen con ella. No nos preocupemos por si la historia es cierta o no en este momento. En mi opinión, se habría creado de todos modos, ¡es tan útil!

Esta es la historia de la Máscara Verde:

Recientemente hemos descubierto que el planeta se está calentando rápidamente. Los casquetes polares se están derritiendo. El nivel del mar está subiendo. La biodiversidad está amenazada.

Hay demasiada gente. El dióxido de carbono es un gas de efecto invernadero que contribuye al aumento de las temperaturas. Nuestro uso del petróleo y el gas natural, combinado con el desarrollo de las zonas rurales del mundo, está intensificando el calentamiento global y el cambio climático. Hay que cambiar, y rápido. El tiempo se acaba. Las celebridades, los funcionarios del gobierno y todas las personas sensatas están de acuerdo en que el planeta está en peligro y que nosotros somos la causa.

Este es el caso del Consejo Internacional para las Iniciativas Ambientales Locales (ICLEI). Creado en 1990 como organización no gubernamental para aplicar la Agenda 21 a nivel local en todo el mundo, ICLEI lleva lo internacional a su ciudad. Según su sitio web internacional, iclei.org, "los miembros proceden de 70 países diferentes y representan a más de 569.885.000 personas".

Te sorprende que nunca hayas oído hablar de él, ¿verdad? Es una consultoría de presión y política que pretende influir y cambiar las políticas de los gobiernos locales relacionadas con todos los aspectos de la vida humana. Se habrá dado cuenta de que el ICLEI se fundó antes de la Cumbre de la Tierra de Río en 1992, donde se presentaron al mundo los preceptos formales de la Agenda 21. El ICLEI vende formación a los gobiernos, aplica programas de adaptación al clima, mide y controla las emisiones de gases de efecto invernadero de las comunidades y mucho más, a cambio de una cuota. Recientemente, ICLEI ha cambiado su nombre para que no se note que es una organización internacional. Ahora se llama ICLEI: Gobiernos Locales por la Sostenibilidad.

Esto es lo que dice la propia página web de ICLEI: www.icleiusa.org ICLEI: Conectando líderes

Conéctate. Innovar. Acelera. Resuelve.

El ritmo del cambio medioambiental global, la degradación de los servicios de los ecosistemas a escala planetaria y el rebasamiento de la huella humana en la Tierra exigen acelerar los esfuerzos locales. Incluso si los más de 1100 miembros de los gobiernos locales de ICLEI se comportaran de la manera más avanzada, y si extrapoláramos estos esfuerzos al futuro, estos valientes esfuerzos no serían suficientes para alcanzar un nivel sostenible de consumo de recursos y contaminación en las comunidades, más conocido como la huella ecológica de las ciudades.

Los expertos confirman lo que todos sentimos: Tenemos que actuar más rápido, colaborar más y buscar soluciones más radicales.

Para acelerar la acción, ICLEI invita a la mesa a líderes de un amplio abanico de sectores que tienen interés en la sostenibilidad urbana: autoridades locales, gobiernos

regionales y nacionales, agencias internacionales, instituciones financieras, organizaciones sin ánimo de lucro, el mundo académico y las empresas. Son alcaldes y empresarios, científicos y directores de agencias, ministros y directores generales, responsables políticos y líderes de organizaciones. Son innovadores, responsables políticos, gestores de programas y agentes del cambio.

Eso es todo. ¿Sintió la sensación de urgencia, de pánico, en este mensaje? Es una táctica de la Agenda 21 de la ONU. Para mantenerte en pánico, nervioso, desconcentrado, ansioso y disperso. Es un hecho que la gente no piensa con claridad cuando está en modo de pánico. La confusión y la sobrecarga de información forman parte de la técnica Delphi. Se necesitan "soluciones radicales" y una "acción acelerada" para sobrevivir. Hay que tener en cuenta que incluso si todos los gobiernos locales de ICLEI se comportaran de la forma más avanzada en el futuro, no sería suficiente para alcanzar un nivel sostenible. ¿Sientes el pánico? ¿No te lo crees? Bueno, vamos a aprobar una ley para convencerte. Pero primero, veamos lo que se compra. De nuevo, en www.icleiusa.org :

Qué reciben los miembros de ICLEI :

*Software y **formación de** Clean Air & Climate Protection (CACP) Herramientas, guías, estudios de casos y otros recursos, incluida una biblioteca de ejemplos de ordenanzas, políticas, resoluciones y otros documentos de los gobiernos locales Formación en seminarios web y talleres regionales **Oportunidades de** creación de redes entre pares a nivel nacional, regional e internacional Experiencia y asistencia técnica y programática de nuestro personal regional Actualizaciones de la financiación regional, estatal y federal, así como análisis de políticas federales e internacionales Eventos anuales de formación y liderazgo Reconocimiento y premios Representación en reuniones internacionales.*

Ya estás más afilado, ¿no? Ha localizado la biblioteca de modelos de ordenanzas, políticas, resoluciones y "herramientas" de los gobiernos locales.

¿Te resulta familiar? Y por cierto, puede ascender a cientos de miles de dólares. Lo más importante aquí es el programa informático y la formación "Aire limpio y protección del clima". Esta es la clave. En cuanto su ciudad o condado se convierte en miembro de ICLEI (pagado con el dinero de sus impuestos) o se convierte en una ciudad resistente al clima y se compromete, la trampa se le cierra. Estás en la cinta transportadora hacia la sierra circular. Si tienes muy mala suerte, uno de los representantes de tu gobierno formará parte del consejo de ICLEI, representando a tu ciudad o condado en un grupo internacional. En el condado de Sonoma, la supervisora Valerie Brown votó a favor de conceder un contrato sin licitación de 83.000 dólares a ICLEI para medir los gases de efecto invernadero y preparar un protocolo. Este contrato se adjudicó sin mencionar el hecho de que Valerie Brown también forma parte del consejo nacional de ICLEI. La denuncié a la Comisión de Prácticas Políticas Justas de California por conflicto de intereses , pero se negaron a investigar. Esto es lo que su junta o supervisores se han comprometido al aceptar la presión de ICLEI:

Primer paso: realizar un estudio de resiliencia climática

Paso 2: Establecer objetivos de preparación

Paso 3: Desarrollar un plan de preparación para el clima

Paso 4: Publicar y aplicar el plan de preparación

Paso 5: Supervisar y reevaluar la capacidad de recuperación

¿Cómo encaja todo? Ha asistido a una reunión de Delphi en la que le han dicho que deberían construirse viviendas de varias plantas a lo largo de las líneas de autobús o de ferrocarril de su ciudad, y que el diseño actual de los edificios y las calles del centro de su ciudad no es bueno. Te han dicho que vivir en el campo o en los suburbios es malo para el planeta, que conduces demasiado, comes demasiado, riegas demasiado el jardín, utilizas demasiada energía y destruyes el planeta con tu actitud egoísta. ¿Cómo lo saben? Porque su ciudad ha realizado o está realizando un estudio de resiliencia climática para medir sus emisiones de gases de efecto invernadero. Lo más probable es que usted se encuentre en algún lugar de esta lista de hitos y que la presión haya aumentado. El plan general de su ciudad o condado ha sido modificado para cumplir con la Agenda 21 de la ONU. Sin embargo, recuerda que quieren tu "aceptación" para poder decir que es tu plan. ¿Por qué? Porque es más fácil cuando se coopera y, después de todo, la revolución es mala para el negocio. Sí, es un gran plan de negocios. El más grande.

La zanahoria para ti, la mula, es que salvarás al planeta de un desastre inminente si sigues las nuevas reglas. ¿Y si no quieres? El palo. La legislación. Volveremos a la legislación un poco más tarde. Pero primero, echemos un vistazo a ICLEI.

Ha oído el término "ONG" y sabe que significa "organización no gubernamental". Naturalmente, se deduce que significa "sin ánimo de lucro" y que se aplica a todas las organizaciones sin ánimo de lucro. Esto es jerga. Una ONG es una corporación sin ánimo de lucro e independiente del control gubernamental, tal y como la definieron las Naciones Unidas en 1945. El término "sin ánimo de lucro" no significa que la sociedad no gane dinero, sino que el dinero sobrante, una vez pagados los salarios y los proyectos, se devuelve a la sociedad, y no se pagan impuestos por este excedente. El capítulo 27 de la Agenda 21 de la ONU se centra en el papel de las ONG en la aplicación de la agenda en todo el mundo. Las ONG se utilizan para desdibujar la línea entre el gobierno y el sector privado. Como los gobiernos tienen cada vez menos capacidad para mantener a su personal, subcontratan sus servicios a organizaciones, las de la sociedad civil, que no rinden cuentas al público. El ICLEI es un grupo de este tipo. Tiene estatus consultivo especial en las Naciones Unidas, una posición que sólo tienen unos pocos de los millones de grupos sin ánimo de lucro que hay en el mundo. Compuesto por funcionarios gubernamentales, grupos de planificación medioambiental y de transporte sin ánimo de lucro e industrias con ánimo de lucro, ICLEI desarrolla leyes y políticas coherentes con el derecho internacional que le afectan. El ICLEI es el organismo de ejecución de la Agenda 21/Desarrollo Sostenible de la ONU. El ICLEI fragmenta e influye en los llamados grupos locales que presionan a su gobierno para obtener más regulaciones.

¿Le molesta que una organización "no gubernamental" esté formada por gobiernos locales? Debería. Es un grupo privado que celebra reuniones no abiertas al público. ICLEI, una de las llamadas organizaciones no gubernamentales, representa a los gobiernos locales en las conferencias internacionales sobre el clima de la ONU. Los Estados no pueden tener política exterior, está en nuestra constitución. Los estados y las entidades locales no pueden celebrar tratados, alianzas o confederaciones. El ICLEI recibe financiación federal. Las auditorías fiscales federales disponibles en línea para los años fiscales 2005 y 2006 muestran que ICLEI recibió más de 1,7 millones de dólares en 2005 y algo más de 1 millón en 2006 de estas cuatro agencias federales: Comercio, Protección del Medio Ambiente, Desarrollo Internacional y Agricultura. El número de identificación federal de ICLEI es 043116623. El formulario 990 del IRS para el año fiscal 2009 muestra que ICLEI tuvo 4.553.618 dólares (más de cuatro millones y medio de dólares) en ingresos. Estos ingresos proceden de todas las fuentes declarables en Estados Unidos sólo en el año fiscal 2009.

¿Recuerdas que uno de los apartados de la Agenda 21 de la ONU era "reforzar el papel de los grupos principales"?

Puede consultar la lista de miembros en www.icleiusa.org para ver si su municipio es miembro, pero es probable que ICLEI tenga tentáculos en su ciudad aunque no lo vea en la lista. La lista en línea está desactualizada y no muestra los alcaldes fríos, las ciudades sostenibles ni los condados fríos. Comprueba esto también. El programa STAR es un nuevo programa con diez ciudades piloto. Esto es lo que dice el ICLEI al respecto:

En ICLEI USA, hemos comprobado que los programas de educación y política no son suficientes. Las redes y las mejores prácticas no son suficientes.

Las herramientas informáticas y el asesoramiento no son suficientes. La transformación requiere un sistema cuidadosamente coordinado e interconectado de educación política, formación profesional y creación de redes, apoyo técnico y educación cívica, así como una evaluación y retroalimentación constantes del rendimiento con cada miembro del gobierno local durante un largo periodo de tiempo. ICLEI siempre se ha centrado en la construcción de este "sistema".

STAR está concebido para aprovechar todos los elementos del sistema y, a través de nuestra red de oficinas regionales, estamos reforzando nuestra capacidad de ofrecer y, junto con nuestros miembros, aplicar el cambio en aras del interés público.

ICLEI USA está desarrollando STAR con una serie de socios clave, entre ellos el U.S. Green Building Council, el Center for American Progress y la National League of Cities. Además, ICLEI USA ha reclutado a 160 voluntarios que representan a 130 organizaciones, incluyendo 60 ciudades y 10 condados, agencias estatales y federales, organizaciones sin ánimo de lucro, asociaciones nacionales, universidades, empresas de servicios públicos y empresas privadas.

Las emisiones de gases de efecto invernadero son controladas, medidas y registradas por el ICLEI. El comercio de carbono, los objetivos de emisión de gases de efecto invernadero y los estatutos legales son diseñados y promovidos por ICLEI.

El siguiente es un extracto de un artículo del *New York Times* del 23 de mayo de 2011:

> *En todo Estados Unidos y en el Congreso, la existencia misma del cambio climático sigue siendo cuestionada, especialmente por los conservadores.*
>
> *Los escépticos cuentan con el apoyo de los votantes que desconfían de la ciencia y se preocupan por las consecuencias económicas de una mayor regulación. Sin embargo, incluso mientras el debate hace estragos, los planificadores municipales y estatales están empezando a prepararse.*
>
> *Melissa Stults, directora de clima de ICLEI USA, una asociación de gobiernos locales, dijo que muchas de las jurisdicciones con las que trabaja siguen una estrategia de "integrar silenciosamente la preparación para desastres en los esfuerzos tradicionales de planificación".*

Hay mucho que refutar aquí, pero hay que tener en cuenta que ICLEI se llama asociación de gobiernos "locales", que los que preguntan son principalmente "conservadores" que desconfían de la ciencia, y que la planificación tradicional se está modificando sigilosamente.

Su ciudad/condado se ha comprometido a reducir sus emisiones de dióxido de carbono/gases de efecto invernadero. Es probable que su gobierno local haya asumido este compromiso en respuesta a la legislación aprobada por su estado. Ahora está obligado a reducir sus "emisiones de gases de efecto invernadero".

En nuestro condado, el de Sonoma, en el norte de California, el gobierno se ha comprometido a reducir para 2015 nuestra producción de dióxido de carbono en un 25% por debajo de los niveles de 1990. En cuatro años. Eso es lo que está ocurriendo en todo el país.

La pregunta obvia es ésta: ¿Cuándo fueron las emisiones de dióxido de carbono del condado de Sonoma un 25% inferiores a las de 1990? ¿En qué año? No puedes encontrar esa información. En ninguna parte. ¿Cuántas personas vivían en el condado en esa época? No lo sabemos porque no conocemos el año, pero la población del condado ha aumentado desde 1990. Por tanto, si hablamos de reducciones per cápita y no sabemos cuál era la población en el momento en que debíamos estar un 25% por debajo de 1990, este objetivo nos situará en un porcentaje mayor que una reducción del 25% per cápita.

Es una cuestión de control. El condado ni siquiera sabe a qué año quieren volver. El condado no medía los "gases de efecto invernadero" en los años 80. O en los años 70. Pero sus objetivos harán que nuestra agricultura, industria, uso de la energía, negocios, producción y medios de vida vuelvan a un nivel del pasado. Para algunos esto es sólo un número, pero no sabemos cuáles serán las consecuencias.

¿Qué impacto tendrá esto en nuestra producción de alimentos? ¿En nuestra capacidad para trabajar y seguir siendo económicamente independientes? ¿Estaremos tan restringidos y regulados que nos volveremos totalmente dependientes del gobierno para nuestra comida, vivienda e ingresos? ¿Y luego qué? ¿Viviremos en barriadas de crecimiento inteligente? ¿Viajar en autobuses que sólo van a donde se nos permite ir? ¿Restringido a trabajar en nuestros pueblos de tránsito?

Este es el resultado de que los responsables políticos traten de superarse unos a otros, y de que los organismos actúen a nivel regional para tratar de cumplir los mandatos estatales y federales orquestados por ICLEI. Está obligado a cumplir. ¿Qué pasa si no cumplimos sus objetivos? Veamos un ejemplo de inventario:

EL INVENTARIO DE 2009 DE LAS EMISIONES DE GASES DE EFECTO INVERNADERO A NIVEL DEPARTAMENTAL

Emisiones de GEI del Condado de Sonoma en 1990: 3,6 millones de toneladas de dióxido de carbono (CO2) Objetivo de reducción del 25% respecto a los niveles de 1990: 2,7 millones de toneladas de dióxido de carbono (CO2) Emisiones de GEI del Condado de Sonoma en 2009: 4,28 millones de toneladas de dióxido de carbono (CO2)

Fuente: Agencia del Agua del Condado de Sonoma
http://www.sctainfo.org/data.html

Si esta medida se hubiera aplicado en 2009, las emisiones habrían tenido que reducirse en un 36,92%. ¿Cuál es el siguiente paso? ¿Si no puedes cumplir sus objetivos? ¿MULTAS? ¿Qué pasa si no puede pagar sus multas? ¿Privilegios fiscales? ¿Qué pasa si no puede pagar su gravamen fiscal? ¿Confiscación de bienes? ¿O lo harán subiendo el coste de la energía mientras la racionan, y estableciendo niveles en los que pagas más si consumes más hasta que te sientas en el frío?

¿Lo sabías? El Reino Unido y gran parte de Estados Unidos se han comprometido a reducir las emisiones de gases de efecto invernadero en un 80% de los niveles de 1990 para 2050. Esta fue una de las promesas de campaña del Presidente Obama. ¿Qué significa esto para usted? ¿Se pregunta si su alcalde ha firmado el acuerdo de protección del clima de la Conferencia de Alcaldes de Estados Unidos? Sólo tienes que escribirlo en tu buscador. En todos los estados de Estados Unidos, al menos una ciudad ha firmado el acuerdo: más de 1.050 ciudades. Se trata de compromisos para reducir drásticamente el consumo de energía hasta un 25% para 2015. Para saber cuáles son los objetivos de reducción de gases de efecto invernadero de su ciudad o condado, utilice su motor de búsqueda y escriba **Informe Anual 2009 de ICLEI USA**.

He buscado durante días, pero no he podido encontrar una tabla de emisiones históricas de gases de efecto invernadero para Estados Unidos. He encontrado este gráfico que muestra la historia de las emisiones globales de dióxido de carbono desde 1850 hasta 2004. Muestra que alrededor de 1945, las emisiones comenzaron a aumentar de 5.000 millones de toneladas métricas a unos 29.000 millones de toneladas métricas en 2004. En 1990, eran unos 20.000 millones de toneladas métricas. Si estas emisiones se redujeran en un 80%, el resultado sería de 4.000 millones de toneladas de dióxido de carbono. Según este gráfico, la última vez que el mundo alcanzó este nivel fue... 1934.

En la Cumbre de la Tierra de Río de 1992, donde se presentó la Agenda para el siglo 21ème , el Presidente Maurice Strong dijo:

Los actuales estilos de vida y patrones de consumo de la clase media acomodada -que implican un elevado consumo de carne, el uso de combustibles fósiles, electrodomésticos, aire acondicionado en el hogar y en el lugar de trabajo, y viviendas suburbanas- no son sostenibles. Es necesario un cambio, que requerirá un importante refuerzo del sistema multilateral, incluidas las Naciones Unidas.

¿De qué estamos hablando exactamente?

¿Cómo se promulgan realmente estas normas y dónde pueden encontrarse? Esta es una pregunta que recibimos con frecuencia en nuestro sitio web: *Nuestro condado (ciudad, pueblo, municipio, provincia) está elaborando actualmente un plan integral. ¿Qué es? ¿Está relacionado con la Agenda 21?*

Sí, un plan integral también se denomina plan general, y suele ser obligatorio/requerido por la ley estatal. Se trata de un plan de largo alcance para el desarrollo físico de la jurisdicción que se elabora cada veinte años y suele actualizarse cada cinco, con modificaciones ocasionales. Puede llamarse Tu ciudad 2020 o

2035, o algo similar. Te lo da el departamento de desarrollo/planificación de tu comunidad. A menudo se puede encontrar en Internet, y hay que examinarlo cuidadosamente. Puede encontrar citas directas de la Agenda 21 de la ONU en la sección de objetivos. ¿Recuerdas la técnica Delphi?

Recordarán que se utilizó por primera vez con los estadounidenses para que aceptaran la idea de trazar un mapa de sus comunidades y dictar dónde y cómo podía producirse el desarrollo: los planes generales. La ley exige que el plan general contenga elementos específicos (transporte, recursos biológicos, desarrollo comunitario, energía y nuestro elemento socioeconómico favorito).

El elemento socioeconómico incluirá generalmente: La participación de la comunidad (reuniones Delphi), la seguridad pública (policía orientada a la comunidad), la justicia medioambiental (frenar o eliminar la industria), el cuidado de los niños (peligro para los niños/derecho de familia), la educación (adoctrinamiento), la economía (elegir ganadores y perdedores), los parques y el ocio (carriles bici).

Los Planes Generales de 2020 y 2035 identificarán los derechos de la comunidad como *"el equilibrio entre la protección del medio ambiente y las necesidades de vivienda, empleo y ocio de los residentes actuales y futuros, así como la necesidad de opciones de transporte para reducir la dependencia del uso del automóvil"* (cita del Plan del Condado de Marín - Plan General,

Marin County, California). Fíjese en la palabra "equilibrar". Es una palabra clave en la jerga de los comunitaristas. Recordará que significa que sus derechos individuales no son tan importantes y serán ignorados en favor de los "derechos comunitarios".

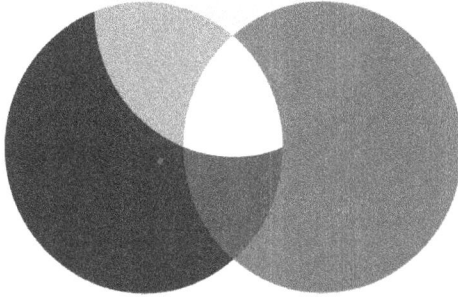

Este es el símbolo de la Agenda 21 de la ONU: los círculos entrelazados de la ecología, la economía y la equidad social. Su punto de encuentro es el "desarrollo sostenible". Esta imagen en particular procede del Plan General del Condado de Marin, California. ¿Usa su plan general el logotipo de las Naciones Unidas?

El plan general es el método, el documento, el diseño global de la vida que se nos impone. Es el marco de muchas leyes y reglamentos restrictivos que ahogan las oportunidades para todos, excepto para unos pocos elegidos. Se trata de un plan de ordenación del territorio, pero se extiende más allá de los límites de la propiedad hasta las decisiones que tomamos en la vida. No lo olvides: también es un plan de energía y transporte.

El plan general/plan integral es adoptado por su municipio después de muchas reuniones Delphi en las que se invita al público y se identifica a aquellos que son "jugadores de equipo" y aduladores y se les honra como "líderes de la comunidad" para que puedan hablar en su nombre.

También se identifica a los que plantean objeciones. El plan general se utilizará para negar a los propietarios el derecho a utilizar sus terrenos tal y como estaban zonificados anteriormente.

Así es como lo hacen. Es posible que ya sepa que si la ciudad o el condado tienen intención de cambiar su zonificación, están obligados a notificárselo con antelación. Pero el documento subyacente que tiene prioridad sobre la zonificación es el plan general. No es necesario que se le notifique cuando se modifique el plan general , porque es "general" y su propiedad no es la única cuyo uso cambia. El plan general es el documento visionario que muestra cómo quiere la ciudad o el condado que sea el uso del suelo en el futuro, aunque sea diferente al actual.

Cuando usted acude al Departamento de Desarrollo/Planificación de la Comunidad para, por ejemplo, ampliar su edificio comercial, hacer algunas mejoras en su edificio de apartamentos o incluso construir un nuevo edificio en su terreno vacío, se encuentra con una sorpresa. Porque el Plan General exige que toda la zonificación se ajuste a él, si la nueva visión de su zona es diferente de la zonificación actual.

Se le dirá que su propiedad es ahora "legalmente no conforme". Esto es una jerga que significa que no podrá hacer esas mejoras o construir lo que pensaba que podría. En la mayoría de los municipios, si su edificio se incendia o requiere reparaciones en más del 50% de su superficie total, no podrá realizar las obras necesarias para volver a cumplir la normativa. Si su uso no conforme se interrumpe durante más de seis meses, suele perder el derecho a restablecer ese uso. Eso es todo. Hecho. Está protegido, como se dice, pero sólo mientras su uso actual continúe. No es un asunto menor.

¿Por qué? Porque si estás en el centro de tu ciudad, lo más probable es que tu terreno haya sido reasignado a un "uso mixto" o a una "aldea de tránsito". Esto es crecimiento inteligente: "uso mixto de alta densidad". Como hemos dicho antes, este tipo de construcción es cara de hacer, difícil de financiar y puede llevarte a la quiebra antes de terminar, especialmente si no tienes buenas conexiones políticas. E incluso si eres uno de los promotores amistosos, es un caldo de cultivo para los tiburones, y puedes encontrarte alimentando a los grandes si tienen el ojo puesto en tu propiedad. Una de las cosas que hay que recordar sobre estos desarrollos de alta densidad es que son grandes proyectos de condominios o pisos. Grande. A veces se les pide que construyan 80 unidades por acre, lo que parece un edificio de cuatro plantas con aparcamiento en la planta baja y espacio comercial en una manzana. Eso es lo que significa "alta densidad". Puede ser enorme. Si sólo se trata de una pequeña empresa, no puede conseguir la financiación que necesita de la misma manera que si construyera veinte casas en el mismo terreno en lugar de ochenta condominios.

Los condominios generalmente se venden de arriba hacia abajo. En otras palabras, el último piso con las mejores vistas se vende más rápido y más caro. Pero hay que construir todo el edificio a la vez; ¡no se puede construir primero el último piso!

Así, en lugar de construir primero cinco casas y luego las siguientes después de venderlas, te endeudas mucho antes de llegar al techo. Si estás en una zona de reurbanización, estás listo para la expropiación, y si no hay ningún proyecto en marcha en este momento, puedes pensar que eres el holding de un promotor favorecido que llegará más tarde y conseguirá que la ciudad se quede con tu propiedad con un descuento porque es "legalmente no conforme" y "ruinosa".

¿Descuento? Sí. Su propiedad valdrá menos, o incluso nada, porque el riesgo será mayor para un prestamista o comprador. La inversión tiene que ver con el riesgo y la rentabilidad. La mejor combinación para un inversor es bajo riesgo y alta rentabilidad. Si su propiedad es legalmente disconforme, aumenta el riesgo de que no pueda reconstruirse en caso de incendio, de que la ciudad no permita continuar con el uso actual si un inquilino se muda o de que, si hay que hacer reparaciones importantes, haya que demolerla. Como ya he mencionado, la mayoría de las ciudades tienen una norma que establece que si un uso no es conforme y se interrumpe durante más de seis meses, no podrá obtener un nuevo permiso de uso. Así, por ejemplo, si tiene un edificio de fabricación especializada no conforme y pierde a su inquilino durante más de seis meses, es posible que tenga que demoler su edificio. Los bancos cobrarán un tipo de interés y un pago inicial más altos para las propiedades de alto riesgo. El valor de su propiedad disminuye. ¿Por qué alguien pagaría la misma cantidad por su propiedad que por una que no tenga estos problemas? No lo harán. La incertidumbre sobre el uso que se le va a dar es una sombra para su propiedad y afectará a su seguro, a su combinación de inquilinos, a su financiación, a sus opciones de asociación y a sus posibilidades de venta.

Este puede ser el caso de todo tipo de propiedades, ya sean mejoradas o vacías. Y puede que ni siquiera lo supieras hasta que intentaste obtener un préstamo.

¿Le parece aburrido? No deberías. La mayoría de las pequeñas empresas se ponen en marcha con dinero obtenido de líneas de crédito hipotecario o empresarial. Si no puedes conseguir un préstamo, no puedes empezar o continuar tu negocio. Si no puedes poner en marcha tu negocio, te arriesgas a estar en el paro o en el subempleo trabajando para otra persona. Tienes menos oportunidades, menos libertad y menos flexibilidad en tus opciones de empleo.

¡Pssst! ¿Quieres oír un secreto? Cuando una zona es declarada "arruinada" y se convierte en un área de reurbanización, uno de los criterios que utilizan los asesores para esta designación inicial es que haya demasiados negocios locales en ella. El término "blight" es un término de la jerga que se define en el código de salud y seguridad de su estado y se refiere a dos categorías: económica y física. Parte del elemento económico indica que no hay suficientes ingresos fiscales generados por las ventas en la zona. En general, las pequeñas empresas generan menos ingresos fiscales que las grandes cadenas nacionales.

El consultor, al que su ciudad está pagando básicamente para encontrar molestias, estén o no allí, dirá que demasiados negocios locales están arrastrando a toda la ciudad. Están en edificios antiguos que son de su propiedad y no pagan mucho en impuestos sobre la propiedad. Así que su ciudad dice: ¡fuera lo viejo, dentro lo nuevo! Crear una unidad de aplicación del código en el departamento de construcción para acosar a los propietarios. Rechazar las mejoras en la fachada ¡Deja que el vecindario se deteriore! ¡Reurbanizarlo para uso mixto! Anime a los "líderes" de la comunidad local a exigir la aplicación de una nueva visión. ¡Declara el barrio asolado! ¡Toma las propiedades por expropiación!

¡Dénselos a los compinches de los promotores o a los constructores de viviendas sociales subvencionadas por el gobierno! ¡Derribar los viejos negocios familiares y populares! ¡Reconstruir al nuevo modelo con un Quiznos, Jamba Juice, Starbucks, Panda Express, Kinko's y Payless Shoes con dos o tres pisos de pisos en la parte superior! Los alquileres subirán. Los impuestos sobre la propiedad subirán. Esa es la visión. Sólo funciona en tiempos de bonanza, como se ve ahora con el colapso de la economía.

¿Se pregunta por qué todas las ciudades se parecen a todas las demás? La Liga Nacional de Ciudades y la Asociación Nacional de Condados lo están impulsando, con talleres, formación y argumentos de venta de asociaciones de reurbanización. Por eso. Y los impuestos sobre la propiedad se desvían de las arcas locales, del condado y del estado durante 30-45 años a los bolsillos de los corredores de bonos. La Agenda 21 de la ONU beneficia a las grandes empresas . Las ciudades necesitan estar seguras de que estos bonos serán devueltos, por lo que no quieren arriesgarse con una empresa local. Estos pisos y condominios suelen ser construidos por enormes empresas nacionales como LISC y Enterprise Community Development, que han construido cada una 280.000 unidades con inversiones y apalancamiento de más de once mil millones de dólares.

A continuación, un pequeño resumen sobre el Desarrollo Comunitario Empresarial. Con una división sin ánimo de lucro y otra con ánimo de lucro, así como una amplia experiencia en la construcción de unidades de bajos ingresos en todo el país, Enterprise se beneficia enormemente de las subvenciones de reurbanización. ¿Quién se asocia con la empresa? Coaliciones de ciclistas. Thunderhead Alliance (ahora llamada People Powered Movement) es un grupo de defensa con cientos de coaliciones ciclistas, tiendas de bicicletas y consultores. Tim May, de Enterprise Community Development, también forma parte de su consejo. Cuando estos grupos acuden al departamento de planificación para defender el crecimiento inteligente, existe un incentivo financiero.

¿Cuántos de los seguidores de los cascos y las lycras saben que están siendo manipulados por su consejo de administración y las empresas promotoras que ganan miles de millones con el dinero de nuestros impuestos?

Viviendas para personas de bajos ingresos = equidad social = mucho dinero para los grandes promotores. ¿Quién no querría subvenciones de 300.000 dólares por unidad para los pisos de renta baja mientras las casas se venden a 150.000 dólares? O se sientan vacíos.

En el nuevo mundo verde, la expansión urbana es un mal. La legislación antisuburbana va en aumento. ¡El callejón sin salida es un engendro del diablo! En California, el proyecto de ley 375 del Senado es el proyecto de ley contra la expansión urbana que, combinado con el proyecto de ley 32 de la Asamblea (gases de efecto invernadero), legisla sobre la Agenda 21 de la ONU. Los fondos federales y estatales para el transporte se destinan al desarrollo del crecimiento inteligente y a las infraestructuras. Aquí está la justificación, la máscara verde, según newurbanism. org :

> *Nuestra calidad de vida se deteriora constantemente, ya que estamos constantemente atrapados en atascos. Nuestro feo entorno, dominado por los coches, es muy estresante, extremadamente insalubre (debido a los gases de escape tóxicos que respiramos a diario) y muy mortal (debido a los constantes accidentes de tráfico).*
>
> *Este entorno estresante nos afecta de muchas maneras: aumento del estrés y la ira, aumento del abuso de alcohol y drogas, aumento de las tasas de divorcio, aumento de las tasas de cáncer y otras enfermedades ambientales, e insatisfacción general con nuestras vidas.*
>
> *Además, las principales organizaciones sanitarias señalan que un alto porcentaje de estadounidenses tiene graves problemas de salud debido al sobrepeso. Esto se debe principalmente al estilo de vida perezoso que impone la expansión urbana, con poca o ninguna caminata o ejercicio como parte de nuestra rutina diaria.*
>
> *LA EXPANSIÓN URBANA NO ES INEVITABLE. No es un síntoma inevitable del crecimiento moderno. La dispersión es el resultado directo de opciones y políticas de transporte específicas del gobierno, combinadas con leyes de zonificación arcaicas.*

Crecimiento inteligente en Berkeley, CA.

Vaya, ¿qué no le echan la culpa a los suburbios? ¿Y has captado el comentario: "leyes de zonificación arcaicas"? Eso significa que apoyan el cambio de los planes generales para que sólo se pueda construir un crecimiento inteligente, y sólo donde lo permitan.

El recién llegado es el Distrito de Financiación de Infraestructuras (IFD), que va de la mano de la legislación contra el crecimiento descontrolado y es una especie de superdistrito de desarrollo que no requiere una constatación de deterioro.

Aunque no existe la facultad de expropiación para uso privado, como en el caso de la reurbanización, es posible utilizar un proyecto de infraestructura, como la reurbanización de una calle, para apropiarse de una propiedad para "uso público" mediante la expropiación. La verdadera noticia es que pueden utilizarse para pagar el desarrollo residencial de alta densidad: el crecimiento inteligente. No se requiere el voto de los contribuyentes para obtener los bonos, y el periodo de amortización es de 40 años. ¿Y qué hay de "no comprometer a los ciudadanos del futuro con las acciones de hoy"? ¿Es esto sostenible?

¿De vuelta a la tierra?

¿Desea escaparse al campo? Olvídalo.

Digamos que estás en una zona rural, en una parcela de 360 acres con un tamaño mínimo de 60 acres. Es el momento de ponerse nervioso. Quizá piense que puede poner seis casas en esos 360 acres, pero piénselo de nuevo.

Además de las vistas, los hábitats, las crestas, los umbrales de los arroyos y otras restricciones de desarrollo, es probable que el plan general de su condado haya decidido que sólo se permite una residencia en cada parcela legal. Las parcelas más pequeñas pueden fusionarse en una parcela mayor si el condado decide que no fueron divididas originalmente con la aprobación del condado hace cien años. Las parcelas de mil acres pueden limitarse a una casa. Puedes pasarte diez años intentando conseguir las aprobaciones para subdividir esos mil acres. El condado quiere espacios abiertos. ¡Mete la mano en el bolsillo! Paga por jugar.

Usted podría decir: "¿Y qué? No tengo un rancho. ¿Por qué debería importarme que un agricultor o ganadero no pueda dividir su rancho?" Si eres miembro del movimiento alimentario local, deberías preocuparte. ¿No quiere comprar su comida a 5.000 kilómetros de distancia? Más adelante se hablará de los cobertizos alimentarios y del control de la población mediante restricciones nutricionales, pero primero veamos el estrés al que está sometido su agricultor o ganadero local. En un artículo del 31 de enero de 2009 sobre la crisis de la industria láctea en el norte de la bahía, el Santa Rosa Press Democrat informó de lo siguiente:

Domenic Carinalli, cuya lechería de 350 vacas en las afueras de Sebastopol mira hacia el oeste, a las casas rurales dispersas y a los árboles agrupados en las cimas de las colinas, dijo que no recuerda una época tan deprimida en su zona. "Realmente no puedes vender, aunque quisieras, porque nadie te compra las vacas", dice el Sr. Carinalli, de 67 años. Es secretario y ex presidente de Western United Dairymen, con sede en Modesto, que representa a 1.100 de las 1.700 explotaciones lecheras del estado. Para los productores de leche, dijo, "es sólo una cuestión de cuánto capital quieren quemar para mantenerse en el negocio".

¿Por qué querría un agricultor construir casas en sus tierras? No estamos hablando de cientos de casas; estamos hablando de una casa por cada sesenta acres. Con el aumento de los costes y la creciente normativa, un agricultor o ganadero puede estar pensando en formas de recapitalización. Puede que le preocupe que sus hijos adultos no puedan vivir en la granja si no tienen cada uno su propia casa, pero los códigos de zonificación no permiten más que una casa y unos cuantos edificios agrícolas en una parcela. Puede temer que cuando ella muera, no tengan suficiente dinero para mantener la granja y tengan que venderla para pagar los impuestos de la herencia o dividirla. Muchos planes generales no permiten ningún otro uso que no sea el agrícola en terrenos zonificados para la agricultura, y sus ideas de lo que es la agricultura cambian constantemente. Algunos condados establecen que si su tierra no produce una cosecha de al menos 800 dólares por acre, se le aplicará un impuesto residencial más alto. Para un henificador, esto es el beso de la muerte.

El fondo local de tierras agrícolas vino a ofrecer la compra de una servidumbre de conservación. Cuando el agente del Land Trust se presenta y ofrece un precio elevado para cubrir la tierra con una servidumbre de conservación, muchos agricultores y ganaderos aprovechan la oportunidad.

Lo creas o no, el Departamento de Agricultura del Estado de Wyoming está enviando facilitadores a los ganaderos mayores para "ayudarles a planificar la sucesión". Como siempre, estas cosas son demasiado locas como para inventarlas. Al Estado le preocupa que sean muy pocas las explotaciones familiares que se mantienen en manos de los miembros de la familia. El facilitador de la paga estatal presiona a todos los miembros de la familia para que se reúnan con él y discutan lo que sucederá con el rancho cuando el propietario fallezca, y luego se reúne con cada miembro de la familia en privado para conocer toda la dinámica íntima de la familia. No he leído toda la guía del facilitador, pero parece que el objetivo es conseguir una servidumbre de conservación para el Estado. Si quiere leerlo usted mismo, escriba el título en su buscador: *Passing It On: An Estate Planning Resource Guide for Wyoming's Farmers and Ranchers*. En realidad lo llamaban *Passing It On*, como en "Oh, Old Bill? Ha fallecido, pobre hombre. Tienen sentido del humor...

La "máscara verde" de una servidumbre de conservación es que permitirá al agricultor o ganadero continuar con el uso agrícola para siempre y mantener esa tierra en producción. La verdad es muy diferente. En esencia, la venta de una servidumbre de conservación es la venta de los derechos de desarrollo del terreno para siempre. La servidumbre está ligada al terreno, no al propietario, por lo que si se vende el terreno, la servidumbre se queda con él. Una servidumbre de conservación otorga al fondo de tierras el derecho a entrar, inspeccionar y supervisar el uso de la tierra, y a sancionar económicamente al propietario por el incumplimiento del acuerdo de servidumbre. Pierdes tu derecho a la intimidad, a decidir qué quieres hacer en tu tierra y dónde quieres hacerlo. Si, por ejemplo, usted es el agricultor y aparca su camión agrícola en una zona para cargar el ganado, y esta zona está "prohibida" según su servidumbre, será multado. Si quiere impugnar esta multa ante los tribunales, tendrá que pagar todas las costas legales y judiciales, tanto si gana como si pierde. Una sola disputa puede costarle miles de dólares. El dinero que han obtenido por sus derechos de desarrollo no durará más de una generación. Sus hijos no tendrán mucho que vender si tienen que pagar impuestos o comprarse entre ellos, y la tierra probablemente se venderá al titular de la servidumbre de conservación. Puede ser el mismo fideicomiso de tierras que le compró a usted u otro. No le notifican si venden su servidumbre a otra persona. ¿Cuál es el verdadero objetivo de un fideicomiso de tierras? Retirar la tierra de la propiedad privada y devolverla a la naturaleza. La mayoría de las tierras de los fideicomisos de tierras están completamente cerradas a los humanos. Si cree que esto es algo bueno, piénselo de nuevo. ¿De dónde provienen los alimentos?

Espero que te gusten las verduras. Esto es lo que dice el Centro de Información de las Naciones Unidas sobre los animales de granja:

> *"La ganadería es uno de los principales responsables de los problemas medioambientales más graves de hoy en día",* *afirmó Henning Steinfeld, alto funcionario de la Organización de las Naciones Unidas para la Agricultura y la Alimentación (FAO).*
>
> *"Es necesario tomar medidas urgentes para remediar la situación" www.un.org*

Según las Naciones Unidas, la ganadería genera más gases de efecto invernadero responsables del calentamiento global, medidos en equivalentes de CO_2, que el transporte. Sus soluciones incluyen la captura de metano (muy cara), y las restricciones.

¿Ha oído hablar de los cobertizos para alimentos? Las aldeas de tránsito (antes llamadas ciudades) sólo podrán acoger a la población que pueda alimentarse con alimentos cultivados en un radio de 160 km (lo que se denomina "cobertizo alimentario"). Los cobertizos alimentarios determinarán dónde puedes vivir y cuándo puedes moverte. Los cálculos, como los realizados recientemente en la Universidad de Cornell, determinarán la cantidad de alimentos que pueden cultivarse en esa zona, y entonces la población de la aldea de tránsito se limitará al número de personas que puedan alimentarse con esa tierra (consulte el sitio web de Cornell escribiendo "Cornell University" y "Food Sheds" en su motor de búsqueda).

Es razonable esperar un racionamiento basado en esta modalidad. Si quieres mudarte a este pueblo, tendrás que solicitarlo y esperar a que haya una vacante, ¿no crees? ¿No tiene sentido? Porque si sólo producen suficientes calorías para la población existente, habrá que esperar. Y todos los que vivan allí tendrán que tener un documento de identidad. Y quien quiera casarse en la zona o tener un hijo tendrá que obtener un permiso. Estoy pensando en las posibilidades. Supongo que podrían reducir el número de calorías que necesitas. Eso podría resolver el problema. Hace que la etiqueta "locavore" tenga más sentido, ¿no? ¡Adelante!

Wildlands: nuestro glorioso futuro

Las teorías de la conspiración son para los niños. Este es el gran momento. No se necesitan teorías cuando la aplicación de una política está a la vista. Project Wildlands es una de esas cosas de ciencia ficción que hace que la gente te mire raro cuando hablas de ella. Por desgracia, no estás loco. Ya has visto el mapa que Michael Coffman preparó para las objeciones de la senadora Kay Bailey Hutchison al tratado del Convenio de Biodiversidad en el Senado. El tratado nunca fue ratificado por el Senado, pero se está aplicando administrativamente. Si no lo has visto, escribe "Wildlands Map" en tu buscador. Cuando lo ves, parece que todo Estados Unidos es una masa de líneas rojas y amarillas. Estas líneas representan corredores de vida silvestre existentes o propuestos que limitan la actividad humana. La idea es devolver las especies a la naturaleza y proporcionar corredores a través del continente para que puedan migrar con seguridad.

Suena muy bien, ¿verdad? Ted Turner, el multimillonario magnate de los medios de comunicación, posee miles de hectáreas de terreno en Montana y parece que está liberando lobos y osos en sus tierras para repoblarlas. A los ganaderos y agricultores de la zona les preocupa que algunos de estos lobos sean de una raza canadiense que da a luz más cachorros por camada que los lobos locales, y que sean cazadores feroces. Dos lobos pueden acabar con un caballo o un alce. En todo el país, en las ciudades cercanas a los espacios abiertos, cada vez hay más leones de montaña, osos, coyotes, pumas y gatos monteses en las zonas pobladas. Si visitas WildlandsNetwork. org, encontrarás esta cita:

> *Nuestra solución, basada en la ciencia, es la creación de cuatro Wildways Continentales, vastos corredores de tierras protegidas que se extienden de costa a costa y de norte a sur en Canadá, Estados Unidos y México, con suficiente Room to Roam© para proteger la vida silvestre y las personas a largo plazo. Actualmente nos centramos en las rutas silvestres del oeste y del este.*

Es muy bonito que hayan registrado los derechos de autor de "Room to Roam". Puede ver su visión de los corredores de fauna en un mapa que han elaborado en WildlandsNetwork.org/Wildways. Evidentemente, no son propietarios de todos esos terrenos, por lo que el plan es adquirirlos a título oneroso (parques públicos o terrenos prohibidos a la actividad humana), a través de servidumbres de conservación o mediante restricciones o regulaciones (superposición de recursos bióticos, superposición de especies sensibles, etc. en los planes generales).

Los derechos del agua son el nuevo campo de batalla, como saben. Ya sea el canal perimetral del delta, las restricciones a la pesca comercial, la protección de las especies que requiere la eliminación de los arroyos, la reducción de los desvíos del caudal de los ríos o la destrucción de las presas, todo tiene que ver con el "bien mayor".

Según la Agenda 21 de la ONU, las presas son "insostenibles".

Véanse las páginas 728-763 de *la Evaluación de la Biodiversidad Global de la ONU* para conocer muchas otras construcciones y actividades insostenibles dirigidas (incluidos los campos de golf y las pistas de esquí.) Mencionaré sólo dos de los muchos y extraños ejemplos del nuevo orden mundial.

El primer ejemplo es la propuesta de demolición en 2012 de las presas del río Elwha, en el oeste del estado de Washington, cerca de Port Angeles. Considerado uno de los mayores proyectos de restauración medioambiental de la historia de Estados Unidos, el proyecto eliminará dos presas de generación de energía y permitirá que el río Elwha fluya libremente hacia el estrecho de San Juan de Fuca por primera vez en 100 años. El salmón podrá desovar de nuevo y repoblar sus mermadas filas. Esta lucha por la eliminación de las presas dura ya veinte años. Nunca se han instalado escalas para peces en las presas y los salmones han languidecido. Cuando se hicieron propuestas para construir escalas para peces, fueron rechazadas por los grupos ecologistas porque, decían, el agua estaba demasiado caliente y los peces necesitaban un hábitat restaurado. Los críticos dijeron que no se trataba del salmón, sino de las tierras salvajes. Al parecer, las viejas presas no producen mucha electricidad. Pero es energía limpia, generada localmente, y el coste de la demolición y la restauración del hábitat es de 325 millones de dólares. Lo sorprendente de este proyecto de demolición es que nadie sabe lo que va a pasar.

Desde los métodos de demolición hasta las posibles inundaciones y sedimentaciones, pasando por los sistemas sépticos potencialmente inutilizables aguas abajo, el proyecto es un gran interrogante. Una cosa es segura: las presas desaparecerán, y no serán las últimas en ser destruidas como parte de la gran campaña de restauración de los espacios naturales.

La segunda historia es un poco sombría. Drake's Bay está situada en el norte de California, en la península de Point Reyes. Esta hermosa península frente al océano forma parte de la Point Reyes National Seashore. Drake's Bay Oyster Company lleva más de 70 años recolectando ostras en la bahía. Su contrato de arrendamiento con el Servicio de Parques Nacionales expiró en 2012, por lo que solicitaron una prórroga. Por desgracia para ellos, el Servicio de Parques Nacionales quiere convertir la zona en un "área silvestre". Según el Servicio Forestal Nacional del Departamento de Agricultura de EE.UU., un "área silvestre" se define de la siguiente manera:

> Los espacios naturales son "una zona en la que la tierra y su comunidad de vida están libres de obstáculos para el hombre, en la que el propio hombre es un **visitante que no se queda**".
>
> En la Ley de espacios naturales se define además como "una zona de terreno federal no urbanizado que conserva su carácter e influencia primitivos, sin mejoras permanentes ni viviendas humanas, que está protegida y gestionada para preservar sus condiciones naturales, y que (1) en general parece haber sido afectada principalmente por las fuerzas de la naturaleza, siendo prácticamente imperceptible la huella de la mano del hombre..."; (2) ofrece oportunidades excepcionales para la soledad o un tipo de recreación primitiva y no confinada; (3) tiene al menos cinco mil acres de tierra o es de tamaño suficiente para permitir su preservación y uso en un estado inalterado; y (4) también puede contener características ecológicas, geológicas u otras de valor científico, educativo, escénico o histórico."

Hay un problema, como puedes ver. La Drake's Bay Oyster Company lleva siete décadas en este lugar, unas tres décadas más de lo que ha existido la National Seashore.

Con la zona considerada ahora como "área silvestre potencial", el Servicio de Parques quería hacer un balance de la zona y ver si podían restringir aún más los usos a los "visitantes que no se quedan". Si pudieran eliminar todas las mejoras permanentes en la National Seashore, podrían cambiar el estatus de la zona a "desierto designado". Para ello, instalaron una cámara de vigilancia en la bahía y grabaron los movimientos de los empleados del parque ostrícola en con la esperanza de encontrar infracciones. Aunque registraron más de 250.000 imágenes, ninguna de ellas mostraba daños a las focas portuarias o al medio ambiente. ¿Y qué hizo el Servicio de Parques? Ocultó esta información para poder decir que el parque de ostras era una amenaza para el medio ambiente y debía perder su contrato de arrendamiento. El periódico *San Francisco Chronicle* informó el 24 de marzo de 2011 que:

> *La senadora Dianne Feinstein acusó el miércoles al Departamento del Interior de Estados Unidos de restar importancia a las pruebas de mala conducta de los científicos del Servicio de Parques Nacionales que, al parecer, querían desalojar una popular granja de mariscos de la bahía de Drakes.*

> *La fiscalía del Ministerio del Interior publicó el martes un informe en el que describe lo que, según ella, fue un trabajo sesgado, inapropiado y lleno de errores por parte de los científicos. Pero concluyó que el comportamiento no alcanzaba el nivel de "mala conducta científica" intencionada, y que no se había producido ningún delito.*

El titular decía que era un "error", pero no lo era, ¿verdad? Fue deliberado, y se hizo para declarar una zona "salvaje".

Sin límites. Primitivo. Primitivo. La vida silvestre.

En las zonas rurales donde la gente vive y trabaja, se utilizan otros métodos para mantenerlos fuera de la tierra. Vigilar los pozos de agua y negarse a construir fosas sépticas forma parte de la determinación de que no se es dueño del centro de la tierra y del cielo, como se pensaba. Las protecciones medioambientales son importantes para garantizar la limpieza del agua y la salud de las poblaciones animales, pero a menudo son un barniz de la máscara verde que esconde el fanatismo y el control de la Agenda 21 de la ONU. El inventario y el control total de todos los recursos naturales está actualmente en curso. Un ejemplo de otra forma de eliminar las poblaciones humanas rurales es la decisión tomada por los supervisores del condado de Sonoma en diciembre de 2010 de pavimentar sólo 150 millas de las más de 1.380 millas de carreteras rurales del condado. Un artículo del 31 de diciembre de 2010 en el Santa Rosa Press Democrat afirma que la financiación federal favorece a las zonas más urbanas y pobladas y que no hay suficiente dinero para pavimentar las zonas rurales. El plan consiste en pulverizar muchas carreteras y volver a pavimentarlas (¡espero que tengan un informe de impacto ambiental por todo ese polvo!) ¿Cree que esto afectará al valor de las propiedades rurales? ¿En la agricultura?

¿Sobre el acceso a los mercados? Esto crea más candidatos para las servidumbres de conservación o las ventas directas a los fideicomisos de tierras. Menos propiedad privada. Menos gente en la tierra. Menos tierra en producción. Menos independencia. Menos libertad. Y también menos impuestos sobre la propiedad generados para los presupuestos comarcales, lo que contribuirá a la espiral del déficit.

El precio de los tomates podridos

Conozca el Consejo Rural de la Casa Blanca. Aparentemente modelado a partir del Consejo Presidencial para el Desarrollo Sostenible, este consejo extragubernamental de más de veinticinco agencias gubernamentales devolverá el trabajo a la América rural, hará que su tractor sea legal, microprotegerá sus vacas y... bueno, dejaré que el sitio web del Consejo Rural de la Casa Blanca se lo diga:

Para hacer frente a los retos de la América rural, basarse en la estrategia económica rural de la administración y mejorar la aplicación de dicha estrategia, el presidente firmó una orden ejecutiva por la que se creaba el Consejo Rural de la Casa Blanca.

El Consejo coordinará los esfuerzos de la administración en la América rural cumpliendo tres funciones clave. Deberá :

1. Racionalizar y mejorar la eficacia de los programas federales para la América rural.

2. Participación de las partes interesadas en los problemas y soluciones de las comunidades rurales

3. Promover y coordinar las asociaciones con el sector privado

De nuevo están esas asociaciones público-privadas. ¿Promover y coordinar significa elegir ganadores y perdedores? Hacer participar a las "partes interesadas" suena a Delphi. Racionalizar la eficacia de los programas federales" significa crear un nuevo nivel de burocracia, regulación, restricciones, multas, sanciones y supervisión.

Tal vez esto es lo que quieren decir cuando dicen que quieren volver a poner a Estados Unidos a trabajar. Empleos locales para aplicar la Agenda 21 de la ONU.

¿Cómo encaja la regionalización en este contexto?

Regionalización. Si aún no sabe lo que es, pronto lo sabrá. Es el paso intermedio en el camino hacia la globalización. La creación de otro nivel de gobierno no elegido y que no rinde cuentas ante ti. Un conglomerado de municipios que aprueban nuevas leyes y objetivos que sustituyen a sus leyes locales, y luego se vuelven hacia la comunidad local y dicen que están obligados a cumplir sus leyes locales. Una manipulación destinada a arrebatar la soberanía a las comunidades locales que se aferran a las subvenciones en lugar de darse cuenta de que están pasando por el aro. Ahora un poco de planificación debe ser regional. El transporte, por ejemplo, no tendría sentido si las carreteras no estuvieran conectadas entre sí fuera de su ciudad o condado. Pero la regionalización vincula por primera vez la financiación de la vivienda y el transporte en un esfuerzo de "jugar o morir de hambre". Las agencias regionales están trabajando con el gobierno federal y con organizaciones sin ánimo de lucro como ICLEI para atrapar a los residentes. ¿Por qué? Porque el objetivo es un gobierno mundial. De verdad. Las regiones pueden significar grupos de condados, grupos de estados y eventualmente grupos de naciones, como la Unión Europea. Con el tiempo, pasaremos a un gobierno único. Se trata de una transferencia gradual de derechos, que comienza en el ámbito local.

La siguiente historia tiene lugar en la zona de la bahía de San Francisco, pero puede que ya esté en su zona. Si no es así, lo será pronto.

Las reuniones Delphi se están celebrando actualmente en los nueve condados de la Bahía de San Francisco. El público asiste como una sesión de propaganda y para dar la ilusión de apoyo público. Sabes que ser "Delfos" significa que has sido sometido a una reunión de visión en la que el resultado ya estaba decidido antes de que entraras en la sala. Lo llaman "TÚ ELIGES", pero en realidad lo único que hace que sea tu elección es que tus impuestos lo pagan y te lo imponen. En este caso era OneBayArea, pero en tu zona se llamará de otra manera, algo regional. Es principalmente un plan de transporte, pero no es más que una excusa para crear un enorme plan maestro basado en la reurbanización que incluye restricciones de uso del suelo. De hecho, es un modelo de vivienda apilada y empaquetada[1] para un gran plan de la Agenda 21/ICLEI de la ONU. Se trata

---

[1] "Apílalos y guárdalos.

de sacarte de tu casa rural o suburbana y meterte en un piso o condominio de diseño ajustado y fácil de controlar, sin espacio para el coche y con un transporte público deficiente. Se le dirá que la gente sólo tomará el transporte público si está hacinada en el centro de las ciudades y que el alejamiento de los coches es la principal forma de reducir los gases de efecto invernadero.

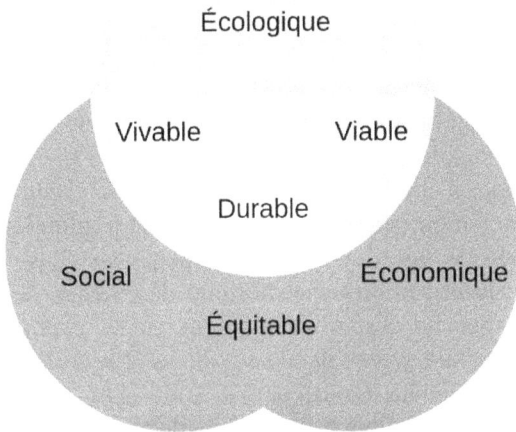

Écologique

Vivable   Viable

Durable

Social   Économique

Équitable

El logotipo del desarrollo sostenible

¿Y los coches eléctricos? Nos dicen que conducir es antisocial y que necesitamos hacer ejercicio. Los animadores, por cierto, son unos perfectos hipócritas que viven en casas unifamiliares... sólo hay que preguntarles.

Y también llevaron sus coches a la reunión.

La máscara verde

La máscara verde es la promesa de que respirarán un aire más limpio, menos contaminación, más tiempo para sus familias, puestos de trabajo ecológicos, menores costes y una vida mejor, más viva, transitable y en bicicleta. El objetivo es homogeneizar el Área de la Bahía y el país con un "crecimiento inteligente", es decir, urbanizaciones y desarrollos comerciales subvencionados por los impuestos sobre la propiedad y el transporte. La idea es que cuando todo el mundo viva a lo largo de las vías del tren o de una línea de autobús, será más rentable el transporte público. Habrá menos lugares para visitar y más gente para utilizarlos. Habrá menos contaminación porque nadie tendrá coche. Los alquileres serán baratos porque las viviendas serán pequeñas. Las unidades pequeñas significan un bajo consumo de energía. No tendrás jardín, así que no desperdiciarás agua en las plantas. Nunca lloverá ni nevará, vivas donde vivas, así que todo el mundo puede ir en bicicleta a todas partes. Todo el mundo será feliz, los niños estarán a salvo, habrá tiempo de sobra para tomar café en la cafetería de abajo y no habrá delitos porque todo el mundo está vigilando a los demás. Todo el tiempo.

Bien, vamos a la reunión. Si no ha asistido nunca a una reunión de Delphi, le espera una sorpresa. Aunque los animadores dicen que se trata de escuchar tu opinión, en realidad, si te atreves a decir algo o a hacer una pregunta que no esté de acuerdo con la maquinaria propagandística, serás rechazado. Sí, los supuestos estadounidenses decentes de tu propia ciudad te gritarán como una turba salvaje y te dirán que NO QUIEREN SABER de dónde salió la financiación del proyecto. NO QUIEREN SABER cuánto les cuesta el proyecto. NO QUIEREN SABER por qué todo el plan/proyecto se diseñó de antemano cuando se supone que el público debe darle forma. ¿Cuánto cuesta?

200.000.000.000 de dólares. Eso supone 200.000 millones de dólares en los próximos veinticinco años sólo en la zona de la bahía de San Francisco.

Si quieres que tu ciudad siga como hasta ahora, se llama "Business As Usual" y te avergüenzas. La opción que se supone que hay que elegir es la del "futuro planificado", con más y más desarrollo urbano y más control gubernamental. Los facilitadores van detrás de ti si no quieres seguir el programa. Espere el desprecio, la vergüenza, el aislamiento y los comentarios despectivos. La sala está llena de funcionarios electos, empleados públicos, grupos sin ánimo de lucro, miembros de la junta directiva y comités de para garantizar que el resultado sea el "correcto".

¿Cómo sé que esto está ocurriendo? Porque me pasó a mí. Justo la semana pasada. Me gritaron personas conocidas, gente del gobierno y de organizaciones sin ánimo de lucro, que se enfadaron porque yo hacía preguntas que todo el mundo debería esperar que se respondieran. ¿Estaba haciendo una escena? ¿Estaba gritando? No, estaba tranquilo, vestido con un traje de negocios y diciendo la verdad. Eso es una amenaza en reuniones como ésta. Lo último que quieren es un público informado. Me pasa cada vez que voy a una reunión. De hecho, me acostumbro a ello, y es vagamente divertido que tu alcaldesa te grite que no quiere saber cuál será el impacto en la ciudad. La reunión fue filmada - hubo varios equipos de filmación. Volví a preguntarles si tenían la intención de recortar mis observaciones y las de otros que habían planteado objeciones. No me miraban ni me respondían. Reconocí al director del centro local de medios de comunicación públicos y le pregunté si esto se iba a emitir en la televisión de acceso público, pero me dijo que no lo sabía.

Parecía avergonzado.

Quizá se pregunte si los funcionarios de su gobierno conocen la Agenda 21 de la ONU y el desarrollo sostenible. Sí, lo hacen. Dentro de un momento explicaré cómo anticipar una reunión. Pero ahora veamos la regionalización.

La regionalización es el paso intermedio de la globalización, y el método por el que se pueden estandarizar las leyes, las normas y los reglamentos para que no se pueda escapar de ella. La tendencia regional es limitar el desarrollo futuro a las zonas de reurbanización y a las zonas de desarrollo prioritario. ÚNICAMENTE. ¿Lo entiendes? Si posee un terreno fuera de estas zonas, es posible que no pueda construir allí. No he dicho "terrenos fuera de los límites de la ciudad", no. Los terrenos fuera de una zona de reurbanización, fuera de una pequeña sección de un estrecho corredor de transporte de 1/4 de milla de ancho pueden no ser edificables. Esto es increíble. Si su ciudad quiere obtener una parte de los grandes fondos de transporte y planificación, debe aceptar que durante los próximos 25 años el desarrollo residencial sólo se producirá en las zonas de desarrollo prioritario. ¿Por qué lo hace principalmente en las zonas de reurbanización? Porque tienen el poder del dominio eminente y pueden tomar tu tierra contra tu voluntad. Toda la nueva construcción para hacer frente al aumento de la población durante 25 años se realizará en una pequeña zona. Por eso las llaman áreas de desarrollo prioritario. La ciudad y el condado pueden tomar los impuestos sobre la propiedad en esa zona durante los próximos 30-45 años y utilizarlos para pagar la deuda de bonos y pagar a sus compinches para desarrollar el crecimiento inteligente. ¿Oyes ese trueno? Los vendedores corren a vender sus propiedades fuera de las zonas de reurbanización o desarrollo prioritario y los compradores corren a comprar en esas zonas. Pero en silencio, con sigilo, porque aún no te has despertado.

En el área de la bahía de San Francisco, estas reuniones público-privadas son organizadas por dos grupos regionales: la Comisión Metropolitana de Transporte y la Asociación de

Gobiernos del Área de la Bahía (ABAG). En su región, tendrán un nombre similar, como Organización de Planificación Metropolitana (MPO) y Consejo de Gobiernos (COG). Estos dos grupos de planificación regional están formados por concejales y supervisores de condado seleccionados de toda la "región" que son responsables de aplicar las estrategias de comunidades sostenibles de la Agenda 21 de la ONU. Se asocian con grupos sin ánimo de lucro como Greenbelt Alliance, que a su vez está formada por organizaciones miembros como Pacific Gas and Electric, el Sierra Club, la Agencia de Protección Ambiental de Estados Unidos, etc. Al asociarse con un grupo privado como Greenbelt Alliance, su gobierno puede conceder subvenciones a organizaciones privadas que, como consultores, diseñarán la formación sin su supervisión ni conocimiento.

Los miembros de estos grupos van y vienen entre el gobierno y los grupos sin ánimo de lucro y pueden establecer políticas públicas que les beneficien personalmente cuando vuelvan al sector privado. Las líneas se difuminan entre lo público y lo privado. Hay leyes muy estrictas que regulan el acceso del público a la información, y leyes estrictas que regulan la conducta adecuada de los funcionarios elegidos. Las leyes establecen que cualquier cosa que afecte al público debe realizarse públicamente.

Pero la forma en que están constituidos estos grupos hace que sea casi imposible seguirlos, y su diario no le informará sobre sus grupos de trabajo, grupos de estudio, reuniones del consejo de administración, retiros y sesiones de estrategia.

Estas agencias trabajan con un modelo que recibieron del ICLEI, que urbaniza cada zona objetivo y vacía gradualmente las comunidades rurales y suburbanas en la ciudad. El proceso es cada vez más rápido a medida que se acercan a su objetivo. Los documentos de planificación de cada ciudad y condado están normalizados y alineados con esta idea. El uso mixto sólo funciona en zonas muy urbanizadas en las que hay suficientes residentes para soportar el comercio minorista. San Francisco es un ejemplo de que puede funcionar, pero incluso allí las densidades proyectadas son mucho más altas que las actuales. En general, las ciudades más pequeñas no pueden soportar este modelo.

Mientras evaluaba recientemente un centro comercial en una ciudad muy pequeña, me encontré con un interesante artículo en el periódico local, *The Valley Mirror*. El artículo de Doug Ross del 28 de noviembre de 2008 es una inusual transcripción de una reunión conjunta entre miembros de la junta y supervisores de tres pequeñas ciudades y un condado del centro de California. Esta zona rural está estudiando la posibilidad de eliminar los departamentos de policía local y crear una agencia policial, un departamento de obras públicas y un sistema de bibliotecas para todo el condado. Un supervisor del condado dijo: "Puede que tengamos que desincorporar los pueblos y formar un único gobierno de ciudad-condado. Estamos solos. Estamos, no quiero decirlo, "jodidos" financieramente. Odio el regionalismo, pero a menos que podamos sacar un pastel del aire, el condado de Glenn va a ser aplastado financieramente por regiones más grandes". Estas pequeñas comunidades desaparecerán. Significativamente, estos miserables funcionarios electos recibieron una amenazante charla de ánimo de una mujer de un grupo sin ánimo de lucro que organiza subvenciones para programas de energía. Esto es lo que dijo: "San Bernardino y Stockton fueron demandados por el fiscal general cuando pusieron en marcha sus planes generales sin un plan de mitigación de emisiones. Stockton se reunió con el Fiscal General y acordó realizar un inventario de las emisiones de gases de efecto invernadero por categorías. Hoy es una de las ciudades más verdes del Estado". Sí, Stockton acababa de unirse a ICLEI.

A medida que se creen, identifiquen y superpongan más regiones a los gobiernos estatales y locales, habrá más legislación regional y menos control local. El gobierno local sólo existirá para aplicar administrativamente la normativa regional.

La soberanía separada desaparecerá. Cuando los grupos de representantes elegidos de diferentes regiones se reúnan en consejos regionales, no tendrás forma de eliminarlos colectivamente y tendrás que ir a un centro regional para asistir a las reuniones o para oponerte a nuevas leyes.

Tus derechos como votante se disolverán en el consenso del comunitarismo.

Sabemos que cuando duermes

Esto es ingeniería social. Dejas tu casa rural o suburbana, donde conoces a todos tus vecinos y tienes una comunidad real, por una "comunidad" artificial, transitoria e ilusoria. La realidad es que un gran número de personas hacinadas en un espacio reducido ejerce presión sobre los servicios, requiere nuevas tuberías de agua y alcantarillado enormes y costosas, y puede dar lugar a altos índices de desocupación, delincuencia y mal mantenimiento. Estos desarrollos están diseñados para proporcionar un mínimo de privacidad y permitir que los organismos de control de la energía y el agua limiten su consumo sin su consentimiento.

Bajo la apariencia del ecologismo, el estrés de la vida aumentará a través de una mayor regulación y restricciones. Todas las ciudades serán iguales. ¿Dónde vas a vivir? En un piso o condominio con una junta directiva de una asociación de propietarios o consejo de residentes que vigilará su comportamiento. Si tocas el saxofón, discutes con tu pareja, quemas incienso, cuelgas la ropa o realizas cualquier otra actividad prohibida, puedes perder tu piso o ser multado. Tendrás muy pocos lugares donde ir que sean completamente privados. Nuestra cultura actual nos ha condicionado para acostumbrarnos a la pérdida de privacidad. ¿No es eso lo que es Facebook?

¿Y qué hay de los constantes mensajes de texto? ¿Y qué hay de la telerrealidad? Serás humillado si quieres privacidad. Incluso los programas de 12 pasos exponen tus problemas más íntimos a cualquiera que se presente. ¿Le molesta esto?

¿Qué escondes? ¿Oculta la cámara integrada de su portátil?

Los jóvenes de todo el mundo crecen con una visión de la vida completamente diferente a la de sus padres. Y seamos sinceros: es un movimiento dirigido por jóvenes. Si tienes menos de 35 años, tus expectativas son muy diferentes a las de tus padres. Puede que nunca consigas un trabajo decente. Su título universitario es de larga duración, el paro verde. Puede que nunca tengas tu propia casa. Nunca puede trabajar para la misma empresa durante más de cinco años.

Su concepto de lealtad puede verse comprometido. Su sensación de dependencia de los programas gubernamentales será alta. Es posible que nunca esté libre de deudas. Los jóvenes son adoctrinados por la educación basada en los resultados para aceptar una calidad de vida inferior, una vida colectiva. Se les enseña a ser obedientes, a dar las "respuestas correctas" a las preguntas del examen, a trabajar en una "cohorte" y a verse como una amenaza para el planeta. A menos que seas lo suficientemente rico como para asistir a una escuela privada de la Ivy League, sólo aprenderás lo que aparece en el examen. No aprenderás a aprender ni a pensar de forma independiente. Se trata de una parte fundamental de la Agenda 21, que pretende ampliar la brecha entre ricos y pobres. Sí, también es la máscara verde. Es un modelo comunitario de aceptación de la pérdida de derechos individuales como parte del bien común, de un planeta.

Me he dado cuenta de que ICLEI-USA, si haces una búsqueda sobre ella como empleador, muestra que emplea a unas 220 personas, con una edad media de 29 años y un 55% de mujeres.

¿Reciben estas jóvenes un salario decente o sólo pueden permitirse un piso en uno de los edificios de alquiler urbano de alta densidad junto a una línea de ferrocarril?

El reclutamiento de los grupos disidentes parece centrarse en los inadaptados, los extremistas, los fanáticos y, en general, en aquellos que son rígidamente gobernados y controlables por los "líderes del grupo". Los grupos ecologistas han pasado de ser aquellos a los que les gusta ir de excursión y disfrutar del aire libre a los que tienen una agenda de ingeniería social. Existe un programa dirigido por Sonoma County Conservation Action, un grupo político medioambiental que apoya a los candidatos, llamado "Conoce a tu vecino". Este programa también se promueve en las Cumbres Vecinales, los talleres patrocinados por la ciudad y las ONG en los que se seleccionan los líderes de los barrios. Una joven muy agradable estaba a cargo. Vino a mi puerta y me lo contó. El objetivo era tener a alguien en cada barrio que conociera a todo el mundo y que también supiera sus opiniones políticas para que pudieran participar cuando se plantearan cuestiones para votar. SIN LA CULPA.

Hay algo más que hay que decir sobre la ingeniería social. La mayoría de nosotros, al minuto de oír hablar del Holocausto por primera vez, nos preguntamos si somos el tipo de personas que podrían cometer tales crímenes. Si somos sinceros con nosotros mismos, dijimos no, pero luego tuvimos una especie de vaga sensación de malestar. ¿Podemos estar seguros?

En los años 70, el profesor Philip Zimbardo llevó a cabo el experimento de la prisión de Stanford en la Universidad de Stanford. El psicólogo quería ver si los estudiantes se torturarían entre sí si se les daba permiso. Instaló una "prisión" en el sótano de la universidad, asignó al azar a algunos estudiantes como prisioneros y a otros como carceleros, y observó. El experimento tuvo que detenerse debido a la brutalidad de los carceleros, que eran simples estudiantes. ¿Cuánto duró? Seis días.

Bueno, ¡adivina qué! Vas a tener la oportunidad de ver lo que puedes hacer, si no lo has hecho ya.

Tal vez sea usted uno de esos débiles que ya se ha subido al carro de espiar a su vecino por "su propio bien" (Community Oriented Policing, Asset Based Community Development, Neighborhood Watch, exclusión de personas de grupos vecinales, denuncia de un vecino que fuma en su piso...). La adulación es un gran manipulador.

DIME ROD, ¿TE IMPORTA SI ME PRESTAS UNA TAZA DE CRÉDITOS DE CARBONO? HE SUPERADO MI CUOTA MENSUAL.

Tal vez le pidan que razone con un vecino: le dirán que es un infiltrado tan importante, ¡eh, el alcalde se lo agradecerá!

Puede que haga falta un poco más para que te lleves el gato al agua. Cuando tu hijo llegue a casa y te diga: "La mamá de Billy dice que estás loco si no apoyas el Bulevar, y le da rabia que no sigas el camino del barrio", ¿lo harás?

Tal vez se esconda en el anonimato porque podría costarle el puesto de trabajo dar la cara.

¿Están sus hijos 100% adoctrinados con la Agenda 21 de la ONU - desarrollo sostenible? ¿Qué significará esto para las conversaciones en la mesa? ¿Permanecerás en silencio?

No hace falta mucho para destruir un tejido social. Sólo la voluntad de hacerlo. Y el miedo a ser herido o impopular si no lo haces. Los estudios demuestran que la gente prefiere sufrir daños físicos a ser rechazada por sus vecinos. La resistencia a este movimiento está creciendo. Estás leyendo esto. Lo estás pensando. Esto no es un programa de televisión, no es un drama y no es un juego. Es tu vida. Cualquiera puede ser un buen alemán. Los nazis lo hicieron lentamente. Tardaron años en ponerse al día. Al principio no se les tomó en serio, pero manipularon el sistema estratégicamente. Apretaron las tuercas, redujeron las opciones, premiaron a los soplones y eliminaron a los valientes. ¿Vas a formar parte de la resistencia?

Nuestro viaje a la verdad comienza

Voy a contarles la historia de cómo descubrí la Agenda 21 de la ONU. Creo que es importante ver cómo dos personas desprevenidas cayeron en el nido de la serpiente y sobrevivieron.

Soy demócrata, y lo he sido desde que me registré por primera vez para votar en 1974. La relevancia de mi afiliación a un partido es que siempre he sido liberal. Sólo he votado a un republicano una vez, y fue el año pasado, después de denunciar al candidato demócrata a la Asamblea, Michael Allen, ante la

Comisión de Prácticas Políticas Justas por un grave conflicto de intereses. Fue condenado y multado... después de ser elegido.

Estoy a favor del aborto, en contra de la guerra, soy feminista y gay. Kay y yo nos casamos legalmente en nuestro 16º aniversario en 2008 en California. Durante más de 30 años he organizado discursos, participado en manifestaciones y distribuido peticiones. Pensé que Bush había robado las elecciones. Dos veces. Supe lo del 11-S en cuanto vi caer las torres, y nunca creí la historia oficial. Siempre me he involucrado en cuestiones nacionales, pero después de leer *Dude, Where's My Country*, de Michael Moore, decidí seguir su consejo e involucrarme a nivel local.

En 2004 y 2005, Kay y yo compramos una propiedad de inversión en Santa Rosa, California, a una hora de nuestra casa. Nos pareció una buena inversión y nos gustó el atractivo de la pequeña ciudad de Santa Rosa, de unos 170.000 habitantes. Después de transformar nuestra propiedad pintándola y ajardinándola, animamos a nuestros vecinos de la pequeña calle comercial del centro a hacer lo mismo. La zona empezaba a ser conocida como un extravagante distrito artístico con galerías y estudios locales. En 2005, los propietarios de los alrededores se dirigieron a mí y me preguntaron si me presentaría a una junta de supervisión ciudadana para la nueva zona de reurbanización de Gateways que se estaba creando en el centro de la ciudad. Al parecer, este proyecto llevaba tiempo gestándose pero, al no ser un asunto de divulgación inmobiliaria, no lo conocíamos. Los vecinos pensaron que, dado que soy un tasador comercial con décadas de experiencia en el dominio eminente y la planificación del uso del suelo, sería un excelente representante suyo en el comité . Esta era mi oportunidad de devolver algo a la comunidad, y acepté presentarme como candidato.

Aunque había tasado cientos de propiedades, entre ellas centros comerciales, bodegas, concesionarios de automóviles, campos de golf, un aserradero, una cantera de arena y grava, una refinería de petróleo y edificios de oficinas en los nueve condados de la bahía de San Francisco, así como en el condado de Los Ángeles, sabía poco sobre la reurbanización. Por supuesto, me quedé atónito cuando, unos meses antes, el Tribunal Supremo de Estados Unidos dictaminó *en el caso Kelo contra la ciudad de New London (Connecticut)* que no era necesario determinar que una propiedad o zona estaba "arruinada" para crear una zona de proyecto de reurbanización. El Tribunal Supremo, en una impactante decisión que indignó a la nación, se puso del lado de la ciudad y dictaminó que si un municipio pensaba que podía aumentar sus ingresos fiscales tomando su tierra mediante el dominio eminente y dándola o vendiéndola a alguien que la destinara a un uso más rentable y generador de impuestos, podía hacerlo. Sí, la decisión fue que si tenías un pequeño negocio en tu propiedad y llegaba una empresa más grande y decía: "Oiga, señor administrador de la ciudad, tenemos una 'visión'. Nos gusta mucho esta ubicación y podemos pagarle mucho más en impuestos sobre las ventas y sobre la propiedad que al pequeño que tiene esta propiedad ahora", la ciudad podría llevársela aunque tuviera la propiedad rentable mejor mantenida del barrio. Es por el "bien mayor", una verdadera decisión comunitaria.

Como se recordará, la Quinta Enmienda de la Constitución de EE.UU. otorga al gobierno el "derecho a tomar" una propiedad por dominio eminente para uso público, siempre que el propietario reciba una compensación justa. Estoy de acuerdo con este principio, y durante la mayor parte de mi carrera he trabajado para el Departamento de Transporte de California, tasando propiedades necesarias para la construcción de carreteras. Es necesario que el gobierno utilice el dominio eminente para proyectos que son claramente de interés público, como proyectos de carreteras o servicios públicos. Pero la nueva decisión del Tribunal Supremo ha cambiado la definición de "uso público", de modo que cualquier cosa que genere más dinero para una ciudad se considera un uso público. Recuerdo haber pensado en aquel momento que quizás estos jueces del Tribunal Supremo pensarían de forma diferente si un promotor de les ofreciera demoler sus casas para construir una fábrica, como ocurrió en el caso *Kelo*. Por cierto, ya que estamos en el tema, Suzette Kelo perdió su casa, y también todos los de su barrio, pero más tarde el gigante farmacéutico Pfizer, que había planeado construir una fábrica allí, cambió sus planes, cerró sus instalaciones en New London, y todo el barrio es ahora sólo un gran terreno baldío. ¿Qué cantidad de impuestos sobre la propiedad recauda ahora la ciudad? Ninguna.

Volvamos a mi historia. Cuando me presenté al Comité del Proyecto del Área de Reurbanización de Gateways el 5 de agosto de 2005, ya había hecho algunas investigaciones. Sabía que la ley de California era más estricta que la de Connecticut, y que *Kelo* no se aplicaba aquí. En California, había que determinar que una zona estaba en estado de deterioro antes de poder reurbanizarla. La zona del proyecto era enorme. Con más de 1.300 acres, se extendía desde el extremo sur de la ciudad hasta el extremo norte, a ambos lados de la autopista que la atraviesa. Más de 10.000 personas vivían y trabajaban en esta zona. Me sorprendió que la ciudad pudiera decir que gran parte de su núcleo central estaba deteriorado. Ya había otras cuatro zonas de reurbanización dentro de los límites de la ciudad que estaban "degradadas". Con la adición de esta nueva zona, el total de zonas deterioradas ascendería a ocho kilómetros cuadrados. Blight es un término de jerga muy complejo que se refiere a la condición física y económica de una zona.

Si le interesa, puede encontrar esta definición en el artículo 33030-33039 del Código de Salud y Seguridad de California, pero básicamente dice que para ser "arruinada" la zona debe caracterizarse por una condición tan grave y generalizada que sea una carga para la comunidad, y que nadie invierta en esa zona ni haga nada para mejorarla a menos que el gobierno intervenga y ofrezca incentivos. Suena bastante serio, ¿no? No creí haber visto nada parecido, pero pensé que sabían lo que hacían.

También pensé que la ciudad estaría encantada de tenerme en el comité, ya que soy un profesional y podría ayudarles a explicar las cosas a los demás miembros del grupo. Me equivoqué.

Mientras esperaba en el abarrotado auditorio para dar mi "discurso de campaña", me sorprendió que tanta gente quisiera formar parte de este comité. Promotores, propietarios de empresas de ingeniería, abogados, expedidores de permisos, antiguos candidatos al consejo y un presentador de un programa de entrevistas se disputaban los puestos. Cuando me tocó el turno, conté mi experiencia al público y luego dije: "Todo es cuestión de degradación. Si no hay degradación, no se justifica el proyecto". Kay me contó después que el empleado municipal encargado del proyecto se levantó de un salto y empezó a pasearse inquieto en ese momento. Dije a la multitud que había sido un experto en el uso de la tierra y la valoración de la propiedad durante muchos años, y que soy un testigo experto que testifica en los litigios sobre estas cuestiones. Prometí escuchar a los ciudadanos y asegurarme de que todo estuviera en orden para esta zona tan extensa. Teníamos derecho a saber lo que estaba previsto para esta zona, y hasta ahora nadie de la ciudad nos había dado información. Recibí muchos aplausos y fui elegido con el mayor número de votos. Nos reuníamos todos los meses en una pequeña sala en la parte trasera de un edificio auxiliar de la ciudad, después de que ésta cerrara por el día.

El despertar

Aunque nunca había oído hablar de la técnica Delphi, sabía que algo iba mal en las reuniones mensuales del comité.

Intuitivamente, Kay y yo decidimos que, aunque ella asistiría a todas las reuniones conmigo, conduciríamos por separado, sin llegar nunca juntos y sin reconocernos. Fue la única ciudadana de la audiencia, al principio. Las reuniones fueron dirigidas por dos abogados que la ciudad había contratado para el proyecto, y fueron transcritas por un taquígrafo judicial. Nos dijeron que no había planes reales para la zona, pero que la ciudad nos diría más tarde lo que iban a hacer. Los abogados desperdiciaron todas las reuniones con detalles aburridos y mundanos y dijeron que votaríamos el proyecto en uno o dos meses. Era sólo una formalidad, dijeron, y podíamos sugerir cosas que nos gustaría ver en la zona del proyecto, como bancos de parque y aparcamientos para bicicletas. Nuestro voto y recomendaciones irían al consejo de la ciudad, que entonces adoptaría la ordenanza. Parecían tener prisa para que hiciéramos algunas recomendaciones superficiales y votáramos a favor del proyecto.

En la segunda reunión pedí los libros del proyecto. Estoy acostumbrado a leer los informes de impacto ambiental y los planes de los proyectos y me pareció extraño que la ciudad no nos proporcionara nada. El abogado dijo que no era necesario. He mirado la ley y dice que nos corresponde votar a favor o en contra del proyecto por sus méritos. Necesitamos estos libros de proyectos. El abogado se enfadó. No tenemos copias para usted, dijo. Si los quieres, tienes que pagarlos.

Kay y yo compramos un juego y fueron nuestros libros de cabecera durante los siguientes cuatro años. Llenos de mapas, copias de registros de aplicación de códigos, análisis financieros, gráficos de valor de la propiedad y datos de alquiler, estos libros contenían las respuestas a mis preguntas. Cuando era niño, mi madre me regaló un libro titulado "*Cómo mentir con las estadísticas" para que* no me dejara engañar por la manipulación de los datos. Pronto quedó claro que la empresa de investigación que la ciudad había contratado para encontrar el deterioro estaba familiarizada con estas técnicas.

Empezamos por ver lo que decían de nuestras propias propiedades.

Tenemos una pequeña propiedad de inversión multiresidencial en el parque más grande de la ciudad. Los datos eran erróneos. Se demostró que había violaciones del código pendientes en la propiedad. Sabíamos, porque lo habíamos comprobado con el departamento de construcción de la ciudad antes de comprar, que no había ninguna infracción del código pendiente. Años atrás, había habido algunos, pero eso se había resuelto hace tiempo. Kay y yo nos miramos y nos dimos cuenta de que si las primeras propiedades que comprobamos, al azar, tenían información falsa, había muchas posibilidades de que hubiera una mancha y un problema en todo el proyecto. Al continuar nuestro análisis, descubrimos que había literalmente cientos de "errores", y casi todos ellos eran a favor del proyecto.

He aquí un ejemplo. Recordarán que el blight es una situación tan amenazante para la salud y la seguridad, tan deprimida física y económicamente, tan extendida y tan importante, que nadie invertiría dinero en la zona a menos que la ciudad le concediera subvenciones. Una forma de demostrarlo es mostrar que la zona tiene muchos solares vacíos. La idea es que si hubiera inversores en la zona, comprarían el terreno y construirían en él. Así que nos tomamos unos días y, con los mapas de los libros de proyectos, fuimos a ver cada "terreno baldío".

El primero fue el patio de un colegio. Luego vimos lotes con edificios de cinco años de antigüedad, aparcamientos de centros comerciales, un parque de la ciudad, otros patios de colegio... ya te haces una idea. La mayoría de los "terrenos baldíos" tenían edificios o estaban en uso. Mi favorito era el edificio de oficinas de tres plantas situado frente al Ayuntamiento. Llevaba siete años allí y cumplía una doble función: además de estar en la lista de solares vacíos, también estaba en la lista de infracciones del código de construcción.

Hablando de las violaciones del código de construcción como justificación de la ruina, tenemos amigos y colegas que nos cuentan que han sido víctimas de multas excesivas y punitivas de aplicación del código (con embargos). En el mundo de los proyectos de estabilización de barrios "culpables hasta que se demuestre su inocencia" y de revitalización de , las propiedades son el objetivo para ayudar a justificar la dilapidación. En el periodo previo a la declaración de un barrio arruinado, la ciudad suele intensificar la aplicación de las normas. No es infrecuente que una propiedad sea señalada en rojo porque supuestamente no tiene permiso para un garaje, por ejemplo, y que el propietario sea acosado con multas y sanciones.

Cuando el propietario presenta el permiso, el departamento de aplicación del código puede alegar que lo ha "perdido", lo que explica su incompetencia o su abuso deliberado. Otra situación habitual es la de la rotulación de edificios legalmente no conformes que son anteriores al código de zonificación. A partir de ese momento, el propietario debe demostrar la antigüedad del edificio o pagar tasas y sanciones, o incluso verse obligado a demoler la estructura.

Mientras tanto, en las reuniones, las cosas no iban bien. Había alertado a los abogados y a la comisión de que había errores graves que ponían en peligro las conclusiones sobre la dilapidación. El presidente, un cargador de permisos que trabajaba con la ciudad, me dijo que "no era nuestro trabajo determinar si había o no dilapidación". Cuando señalé que las funciones exactas de la comisión eran aprobar la creación de la zona del proyecto o rechazarla, las cosas empezaron a calentarse. Francamente, no estaba acostumbrado a este tipo de manipulación. Mi empleador, una agencia gubernamental, confió en mí para determinar el valor de la propiedad y las posibles indemnizaciones por despido sin prejuicios. Cuando declaré, estaba bajo juramento. Sentí que estaba trabajando para la gente del Estado de California y que mi integridad como testigo experto era vital. Ahora me han engañado y mi integridad se ha visto comprometida.

Llevé a las reuniones documentación sobre la reurbanización y la distribuí, pero pocos miembros del comité parecían interesados. También Kay, sin reconocer que nos conocíamos, escribió comentarios y los distribuyó al grupo. Pude ver que había un número de "shills" en el comité. Parecían estar allí sólo para votar por el proyecto. Nunca se habló de los planes reales del proyecto: era un misterio lo que iba a ser el proyecto de reurbanización de Gateways, que abarca más de 1300 acres. ¿Qué iban a hacer con todos esos impuestos sobre la propiedad? De repente, los abogados dijeron que tendríamos que votar muy pronto, aunque faltaban cuatro meses para la audiencia pública del Ayuntamiento. Cambiaron nuestras reuniones mensuales por reuniones semanales. Y trajeron a un facilitador de reuniones profesional que se centró inmediatamente en mí.

Mientras hacíamos toda esta investigación, yo me pasaba las noches investigando sobre la reurbanización hasta altas horas de la madrugada.

Lo que encontré confirmó mis temores. La reurbanización era un chanchullo. La mejor y más informativa fuente de datos fue *"Redevelopment-The Unknown Government"*, de Chris Norby, entonces Supervisor del Condado de Orange y ahora Asambleísta del Estado de California. El folleto está disponible en línea; introduzca el título en su motor de búsqueda o vaya a la página de información de fuentes de nuestro sitio web. Este breve libro de unas 40 páginas expone la fea verdad con gráficos, dibujos y datos concretos que demuestran que la reurbanización es un vampiro que nunca muere. Respaldada por poderosos grupos de presión que utilizan agentes de bonos, abogados y consultores de deuda, la tendencia a designar más y más zonas de reurbanización también cuenta con el apoyo del personal de las agencias gubernamentales y de las empresas privadas que se benefician de la reurbanización. El desvío de los impuestos sobre la propiedad a estos chupasangres es un gran negocio: en 2006, las agencias estatales de reurbanización habían acumulado 81.000 millones de dólares en deuda de bonos, una cifra que se duplica cada diez años. Y no creas que esto es sólo en California: está ocurriendo en casi todas las ciudades y condados de Estados Unidos. Dado que las agencias pueden vender bonos sin la aprobación de los votantes (a diferencia de los consejos escolares) y que el fondo general de la ciudad es responsable de cualquier exceso de deuda, son vacas lecheras para las empresas de corretaje de bonos.

Un artículo del periódico afirmaba que el condado se oponía a que la ciudad creara un proyecto de reurbanización tan grande porque sacaría 500 millones de dólares del condado en un periodo de cuarenta y cinco años. Mientras leía este artículo, se me ocurrió una idea. Iba a invitar al supervisor del condado a nuestra reunión y pedirle que presentara el caso del condado. Le dije al presidente que había invitado al supervisor y me contestó que invitaría a la reunión al jefe de la agencia de reurbanización de la ciudad como contramedida.

Kay y yo estuvimos de acuerdo en que ya era hora de alertar a la población de lo que estaba ocurriendo, y redactamos un folleto que distribuimos a pie a cientos de empresas y hogares de la zona del proyecto. Comenzó así:

OPINIÓN

ESTA PROPIEDAD HA SIDO DECLARADA RUINOSA POR LA CIUDAD DE SANTA ROSA.

En el folleto se definía la situación de deterioro según el código de salud y seguridad, se indicaban los límites de la zona de reurbanización propuesta y se decía a los propietarios y residentes que, si querían más información, debían acudir a la reunión del Comité del Proyecto de Reurbanización de

Gateways. Había diseñado deliberadamente este documento para que pareciera oficial.

Bueno, puedes imaginar la reacción. Las personas que deberían haber sido informadas por su ciudad se enteraban por primera vez a través de este folleto. Habíamos dado con la mejor manera de llegar a un gran número de personas con una llamada a la acción. Folleto.

La ciudad se vio absolutamente sorprendida por el gran número de personas que se agolpaban en la pequeña sala de reuniones asignada a nuestra comisión. Nunca reconocí que fui yo quien escribió y distribuyó el folleto, pero por supuesto ellos lo sabían. Los empresarios y propietarios se enfurecieron al ver que la gente tenía una "visión" de lo que iba a pasar con sus propiedades. ¿Cómo se atreve la ciudad a identificar los "lugares de oportunidad" en los que se ganaban la vida? Fue tal el clamor de los propietarios y contratistas que la ciudad decidió celebrar una reunión pública en la cámara del consejo coincidiendo con la próxima reunión de la Agencia de Reurbanización. Como la reunión era a las dos de la tarde, el ayuntamiento puede haber pensado que no se presentaría nadie.

Kay y yo nos pusimos a trabajar. Hicimos cientos de folletos, escribimos una petición para que dos barrios se apartaran de la zona del proyecto y celebramos una reunión informativa en un restaurante local. Distribuimos las peticiones en todas las propiedades que teníamos en el barrio, y un activista de la zona adyacente hizo lo mismo . Conseguimos que firmara casi el 100% de nuestros barrios. Presenté las peticiones a la oficina del administrador de la ciudad, asegurándome de que estaban fechadas oficialmente, y obtuve copias del secretario. No íbamos a correr ningún riesgo.

Los cinco miembros designados del consejo de la Agencia de Reurbanización no estaban preparados para la enorme multitud de personas enfadadas que asistían a su reunión, normalmente vacía. No había facilitador y aproveché la oportunidad para tomar el micrófono y contar a la multitud lo que estaba sucediendo. Estaban perdiendo sus derechos de propiedad sin su conocimiento. Las pequeñas empresas corrían el riesgo de ser excluidas de la zonificación o desplazadas, y estos burócratas arrogantes y demasiado entusiastas tenían el descaro de decir que ese era "nuestro plan". La junta directiva mintió al público, pero no funcionó, y fue una verdadera derrota. Sin embargo, Kay y yo observamos que no fue una reunión "oficial" y que no se tomó ninguna decisión. Fue un movimiento audaz por parte de la ciudad el dejar a todos fuera de juego y hacerse a un lado. Podrían simplemente fingir que no ha pasado nada y seguir con su plan como antes.

Mientras investigaba el proyecto, encontré una carta oficial dirigida al administrador municipal por el propietario de los dos grandes centros comerciales del centro de la ciudad.

Simon Property Group es el mayor propietario de centros comerciales del mundo, con unos activos de 42.000 millones de dólares. Recientemente ha adquirido la mitad del centro comercial Coddingtown, un centro más antiguo que se sometió a una importante renovación en la década de 1990. En su carta, el Grupo Simon pedía que Coddingtown se incluyera en el proyecto de remodelación de Gateways, alegando que necesitaría un nuevo aparcamiento. Como los aparcamientos de los centros comerciales no generan ingresos, Simon quería que la ciudad ayudara. Recientemente había calculado los costes de construcción de un aparcamiento y sabía que lo que pedían podía ascender a decenas de millones. Esto fue una gran noticia. Hicimos anuncios al respecto y me invitaron a un programa de radio local. En el programa, conté que el Grupo Simon tenía una filial especializada en reducir los impuestos sobre la propiedad para los grandes terratenientes, incluidos ellos mismos. Así que existía la posibilidad real de que nuestros impuestos sobre la propiedad se utilizaran para financiar un aparcamiento privado mientras el propietario conseguía reducir sus impuestos sobre la propiedad . Luego pusimos la carta en nuestro sitio web de Santa Rosa y puedes leerla yendo a Santa Rosa Neighborhood Coalition punto com, luego a *More*, luego a *Rosa Koire/Kay Tokerud - la* carta está en un enlace llamado *Simon Says Build Me A Parking Garage*.

Tras la emisión de la radio, la ciudad se vio inundada de llamadas de ciudadanos indignados. El periódico escribió un artículo claramente destinado a controlar los daños y, una vez más, se confirmó nuestra creencia de que el periódico era un portavoz de la ciudad. Acosé al director hasta que publicó mi carta al director, en la que decía que los ciudadanos no querían que las grandes empresas se beneficiaran de nuestros impuestos sobre la propiedad mientras las pequeñas empresas locales eran expulsadas de la ciudad y sometidas a la amenaza de expropiación durante doce años.

Al parecer, durante todo este tiempo, la ciudad ha estado buscando la forma de mantenerme fuera del comité. Al moderador le costó mucho mantenerme callado (siempre fui tranquilo, razonable y profesional, eso lo odiaban), pero insistí educadamente en que se respondieran mis preguntas. Los abogados estaban furiosos porque lo que debería haber sido un caso fácil se estaba complicando, y el presidente, del que sospechaba que intentaba engañarme para violar la Ley Brown, estaba frustrado. Cuando recibí una llamada de la oficina del fiscal de la ciudad para informarme de que estaban investigando una denuncia de violación de la Ley Brown contra mí, no me sorprendió. La Ley Brown regula el acceso a las reuniones de todos los organismos públicos y establece que deben celebrarse a la vista del público. Es una violación que más del cincuenta por ciento de un grupo se reúna en privado. Me han acusado de enviar correos electrónicos a más del 50% de los miembros. Varias veces, algunos miembros trataron de atraparme, pero no caí en la trampa. Me han dado el visto bueno.

Se acercaba el momento de la votación del proyecto y yo había hecho todo lo posible para presionar a los miembros de la comisión que no tenían una opinión preconcebida. Era importante votar en contra del proyecto, aunque el consejo lo aprobara de todos modos. Muchos miembros del comité pensaron que si rechazaban el proyecto, sus recomendaciones serían ignoradas. La abogada les engañó, aunque intenté callarla.

Dijo que "enviaría un mensaje contradictorio" al consejo y confundió a la comisión. Seguimos repartiendo folletos y nos pusimos en contacto con empresarios del barrio que querían ser más activos. Una de ellas era Sonia Torre, propietaria de un taller de reparación de gases tóxicos que era objeto de la aplicación del código de la ciudad. Otro era Jim Bennett, propietario de un precioso concesionario de coches usados BMW que había transformado de una tienda ruinosa a una hermosa sala de exposiciones tras meses de bloqueo por parte de la planificación municipal.

Unos días antes de la votación final, la oficina del secretario municipal se puso en contacto conmigo para comunicarme que nuestras peticiones habían sido aprobadas y que se habían eliminado 235 acres de la zona del proyecto.

Una parte comercial de mi barrio, a lo largo de la calle principal, seguía figurando en el plan del proyecto, ya que sólo se habían delimitado las zonas residenciales según el mapa que habíamos dibujado y presentado con nuestra petición. Me sentí aliviado, pero desconfiado. ¿Eran de fiar? Tengo los documentos y todo parece legítimo. Pero había una trampa.

Sería retirado de la comisión y no podría votar. Yo era un representante de los empresarios y otro empresario que seguía en la zona del proyecto podía ocupar mi lugar. Se celebraría una elección, pero los únicos "votantes" serían los miembros del comité. Recluté a Sonia Torre y le dije que viniera a la reunión, que se presentara al escaño y que no reconociera que me conocía.

Mi último acto como miembro del comité fue votar por mi sustituto.

Aunque, una vez más, los abogados, promotores y corredores locales se presentaron para el puesto, yo presioné a mis colegas de la comisión y Sonia ganó.

Decidí que, dado que no habían completado el proceso de eliminación de mi zona del proyecto, mantendría mi escaño y votaría de todos modos, aunque sólo fuera de forma simbólica. Ahora sabía que me engañarían si pudieran. Sonia se sentó a mi lado y comenzó la votación.

La ciudad cometió un gran error el último día. El personal había reescrito las sugerencias de la comisión y algunas de ellas eran completamente opuestas a lo que habíamos acordado. También enviaron a un par de jóvenes abogados en lugar del gran jefe que había asistido a todas las reuniones para difundir la propaganda. Tal vez pensaron que todo estaba bajo control. Uno de los "indecisos" preguntó al nuevo abogado si era cierto que todas nuestras recomendaciones serían ignoradas y descartadas si rechazábamos el proyecto. No, respondió, ¿por qué habrían de hacerlo? Esta verdad se extendió por el comité como una brisa fría. Se les da a cada uno tres hojas de papel: una roja (No), una verde (Sí) y una blanca (Abstención). La sala guarda un silencio sepulcral mientras los diez miembros, uno por uno, levantan sus votos. Kay, entre el público, es el primero en recibir la cuenta y se pone en pie gritando. El resultado es cinco noes, cuatro síes y una abstención. Mientras el abstencionista salía literalmente corriendo de la sala y el presidente pedía una nueva votación (con la objeción de Kay), Sonia y yo chocamos los cinco: ¡habíamos ganado!

Reflexionando sobre los últimos meses, me he dado cuenta de que el mayor choque para mí fue que acabé siendo un enemigo del gobierno de la ciudad. Al principio, esperaba ser un enlace entre la ciudad y el comité, una persona útil que ayudara a explicar los planes del proyecto, los informes de impacto ambiental, el análisis del uso del suelo y el dominio eminente. Ahora he tenido mi llamada de atención. La ciudad se había comportado de forma deshonesta y estaba presentando a sabiendas al público un proyecto desarrollado a partir de datos fraudulentos, quizás bajo su dirección. El personal de la ciudad me había calumniado en las reuniones, había conspirado para apartarme del comité y había enviado ministros de desinformación para intentar desacreditarme. El hecho de que un comité del área de proyectos rechazara un proyecto de reurbanización fue increíble. Pensé que debía ser una historia nacional, ya que era muy raro. Pero la gran lucha estaba por delante, y empezamos a prepararnos.

LA TOMA DE POSESIÓN DE LA CIUDAD

Sabía que el Ayuntamiento tenía la intención de aprobar la ordenanza en la audiencia pública de principios de junio de 2006, pero necesitaba saber si había algo que pudiéramos hacer para detenerla. Kay y yo habíamos acordado permanecer en la lucha porque nos avergonzaba haber recortado el mapa para nuestra petición y haber dejado la principal calle comercial en el proyecto. Pensamos, y con razón, que la ciudad nunca dejaría pasar esta calle "de entrada". Teníamos muchos amigos en esa calle y querían que les ayudáramos. Decidimos que no importaba que nuestra propiedad ya no formara parte del proyecto; teníamos que hacer lo correcto. Investigué la lucha contra el desarrollo, que se había intensificado desde la sentencia *Kelo*.

En todo el país, los estados estaban aprobando leyes que limitaban los poderes de expropiación y las iniciativas estaban creciendo. Aunque estábamos trabajando en una propuesta para la votación de California, no nos serviría de nada porque Gateways se aprobaría antes. Parecía que nuestra mejor opción era intentar conseguir suficientes firmas para poner un referéndum en la votación local después de que la ciudad aprobara la ordenanza. La ley establecía que sólo tendríamos tres semanas para conseguir que el diez por ciento de los votantes, es decir, unas 8.000 personas, firmaran nuestra petición para que la iniciativa fuera votada. Llamé a un bufete de abogados de San Francisco y les pedí que prepararan e imprimieran las peticiones, que tenían que ser perfectas. Si el Secretario de Estado encontrara un error en la redacción de la ordenanza, si no tuviéramos cada palabra exactamente como la publicó la ciudad, nuestras peticiones serían inválidas. Jim y Barbara Bennett, Sonia y Wolf Torre, Kay y yo reunimos los tres mil dólares para el bufete de abogados, acordamos dividir los libros de peticiones y, con una docena de otros partidarios, conseguimos esas 8.000 firmas en tres semanas. Sí, sólo tuvimos 21 días. Teníamos que esperar a que se aprobara la ordenanza para poder empezar, pero teníamos la intención de asistir a la audiencia pública e intentar convencer al ayuntamiento de que no siguiera adelante. Esa era nuestra débil esperanza. Distribuimos cientos de boletines por toda la zona explicando por qué todo el mundo debería ir a la audiencia y pronunciarse.

La noche del 6 de junio de 2006 fue larga en la abarrotada sala del Consejo. El Consejo escuchó una larga explicación del personal de la ciudad sobre la necesidad del proyecto y la importancia de contar con la "herramienta" del dominio eminente, aunque nunca la vayan a utilizar. Observé la sala mientras el personal seguía hablando y traté de identificar a la multitud. Kay y yo acabábamos de comprar una casa y nos habíamos mudado a Santa Rosa y aún no conocíamos a muchos de los actores. Vi a miembros de la Cámara de Comercio, asociaciones de vecinos, prominentes promotores inmobiliarios, representantes del comité de zonificación del proyecto y personas de la ciudad que hablaban en nombre de la oposición. Por nuestra parte, he visto a muchos propietarios de pequeñas empresas y ciudadanos preocupados por los males de la reurbanización. La sala estaba tensa.

Habíamos presentado largas y detalladas cartas de objeción al proyecto y nos aseguramos de obtener copias fechadas. Sabíamos que todas nuestras objeciones debían constar en el expediente antes de la votación, ya que de lo contrario no podríamos incluirlas en el expediente administrativo más adelante: no formarían parte del juicio. Había encontrado un bufete de abogados en San José que había demandado para detener un proyecto de reurbanización en esa ciudad y había ganado. Lo leí todo en su página web y me puse en contacto con ellos para que me asesoraran. Nunca creí que fuéramos a demandar, pero pensé que debíamos evitar cualquier error que pudiera acabar con nuestras posibilidades si lo hacíamos. Así que cuando el secretario municipal anunció los nombres de los que habían presentado cartas y no escuchamos nuestros nombres, Kay se levantó y dijo que había presentado una objeción de veinte páginas: ¿Dónde estaba? El empleado salió de la habitación y volvió un poco más tarde con nuestras cartas. Más tarde nos enteramos de que habían "perdido" todas las demás páginas en un intento de mantenerlas fuera del registro administrativo. Pasaron horas mientras cada uno de nosotros se tomaba sus tres minutos para hacer comentarios públicos y se pronunciaba sobre el proyecto.

La oposición, apoyada por los comentarios del Consejo, seguía diciendo que teníamos "miedo" y que estábamos frenando el progreso. No fue una sorpresa que el Consejo aprobara la ordenanza por unanimidad al final de la noche.

Al día siguiente fui al secretario municipal a buscar la ordenanza. No estaba listo, me dijo, y tuvimos que sacarlo del periódico cuando se publicó. Estaba nerviosa porque teníamos muy poco tiempo para conseguir tantas firmas: 380 al día durante 21 días. Pedí al bufete de abogados que lo consiguiera

, y tuve razón al hacerlo, porque la ciudad publicó una ordenanza falsa en el periódico. Lo diré de nuevo. La ciudad de Santa Rosa publicó una ordenanza falsa en el periódico para invalidar nuestras peticiones de firmas para el referéndum. El Director de la Ciudad, el Abogado de la Ciudad y el Secretario de la Ciudad sabían lo que estaban haciendo cuando trataron de detenernos. El bufete de abogados de SF tenía experiencia y había visto esto antes (¿puede creerlo?), así que pudieron obligar a la ciudad a entregarles la ordenanza real. Conseguimos nuestras peticiones y salimos a la calle.

Nos plantamos bajo un sol abrasador por toda la ciudad y no pudimos conseguir más que unos cientos de firmas. Fue patético y frustrante ver lo ignorante que era la gente sobre la reurbanización y el proyecto Gateways. Al cabo de un día quedó claro que, a menos que utilizáramos recolectores de firmas pagados, nunca conseguiríamos 8.000 firmas. Intenté con recolectores de firmas profesionales, pero cobraban un dólar por firma y sólo pudimos encontrar una persona que lo hiciera. Llamé a Sonoma County Conservation Action, un grupo liberal de defensa del medio ambiente que suele distribuir peticiones, pero no nos devolvieron las llamadas. Más adelante, recordaré esto y me reiré, porque, como en muchos de mis primeros intentos de encontrar aliados, no tenía ni idea de que iba a pedir ayuda a mis enemigos. Me entrevistaron en el periódico diciendo que estábamos seguros de conseguir las firmas, pero era un farol. El Consejo estaba considerando eliminar el poder de expropiación sobre las propiedades residenciales ocupadas por sus propietarios en la zona para dividir nuestro apoyo. Esperaba que lo hicieran, y lo hicieron, más tarde. Pero, ¿entonces qué? ¿Sólo los propietarios?

Un mal compromiso que excluía de la protección contra la expropiación a todos los inquilinos, las casas y pisos no ocupados por el propietario y las propiedades comerciales.

Hemos organizado reuniones informativas para los propietarios y comerciantes de la zona del proyecto, y hemos creado la Asociación de Comerciantes de la Avenida Santa Rosa. Mientras íbamos de puerta en puerta por la principal calle comercial, nos seguía el personal de la ciudad, que decía a los empresarios y propietarios que no había que preocuparse.

Nuestra primera reunión fue invadida por el jefe de la agencia de reurbanización de la ciudad y el presidente del comité del área del proyecto . Se apoderaron descaradamente de nuestra reunión, que se celebró en el concesionario BMW de Jim, e intentaron desacreditarme, mintiendo que los propietarios de pequeñas empresas no tenían de qué preocuparse. También habían plantado a algunos de sus compatriotas en nuestra reunión, que me abucheaban. No podía echarlos porque no creía que el público me conociera lo suficiente como para saber que estaban siendo engañados por nuestros rompepuertas.

Concluimos la reunión y Kay les dijo que se fueran y no volvieran.

Ahora, cuando se acerca la fecha límite y aún faltan miles de firmas, volví a llamar al bufete de abogados Brooks and Hess de San José. ¿Qué hay que hacer para presentar una demanda? Virginia Hess me dijo que teníamos un caso basado en hallazgos fraudulentos de plagas y que si podíamos recaudar 50.000 dólares en una semana, podríamos presentar una demanda. Su último caso de reurbanización había costado 400.000 dólares en honorarios legales, pero habían ganado. Acordamos contratar a Brooks y Hess para que crearan una organización sin ánimo de lucro 501 (c) (4) para que las donaciones fueran deducibles fiscalmente para nuestros donantes como gastos empresariales. Aunque la situación parecía desesperada y yo estaba agotado, nos preparamos para el gran empujón. Tenía que recaudar 50.000 dólares en una noche.

Cuando iniciamos el proceso de referéndum, envié comunicados de prensa a más de cien medios de comunicación: radio, televisión y prensa escrita. Había intentado interesar a bufetes de abogados públicos en nuestro posible caso, pero no había recibido ninguna respuesta. Aparte de algunos artículos en el periódico local y algunas entrevistas en la radio, no habíamos conseguido mucha prensa. Ahora que teníamos que presentar esta queja, teníamos que conseguir que la gente estuviera en la sala. Cogimos el toro por los cuernos y compramos un anuncio de media página por mil dólares en el North Bay Bohemian, el periódico semanal de arte, entretenimiento y alternativas. Nuestro anuncio incluía un hermoso gráfico de *Redevelopment-The Unknown Government*, de Chris Norby, y anunciaba nuestra reunión. Al final del anuncio había escrito: *Nos reservamos el derecho de admisión*. Esto despertó el interés de un popular presentador de radio matutino, que me invitó a hablar de la lucha.

La expropiación seguía siendo un tema candente después de *Kelo*, y se estaba preparando una propuesta a nivel estatal. Me alegré de tener la oportunidad de publicitar nuestra reunión en la radio y esperé que sirviera de ayuda.

Unas noches más tarde, Kay, Sonia, Jim, Barb y yo cruzamos los dedos mientras las sillas de la inmaculada sala de exposiciones de Jim empezaban a llenarse. Me di cuenta de que había unos cuantos "espías", entre ellos un abogado que había intentado entrar en el comité pero no había conseguido los votos suficientes. Cuando la gente se acomodó y comencé la reunión, los señalé entre la multitud y recibí una dosis de confianza cuando alguien gritó "¿Quieres que los echemos, Rosa?". Les contesté que podían quedarse, pero que si intentaban perturbar la reunión debían marcharse. Tras repasar brevemente los límites del proyecto, el dominio eminente, la reurbanización y la historia de los problemas, apelé al dinero. En este punto, dije que no teníamos otra opción que demandar. Habíamos probado todo lo demás. Si queríamos evitar que la ciudad tuviera el poder de elegir quién se quedaría y quién se iría durante los próximos doce años, tenían que escribir los cheques ahora. Dejé claro que éramos voluntarios, que no aceptábamos dinero para nosotros, y que de hecho ya habíamos gastado miles de dólares. A los empresarios les preocupaba que la ciudad tomara represalias contra ellos por financiar la demanda, y les aseguré que sus contribuciones y su participación serían confidenciales. Nunca compartiremos los nombres de nuestros colaboradores con nadie. Pasamos por un periodo de preguntas y respuestas durante un rato, y entonces uno de los hombres mayores se levantó y dijo "¡me apunto! Aquí tienes un cheque de 2.000 dólares". Un minuto después, ¡era como una casa de subastas! "¡Hay mil por aquí! ¡Me apunto a quinientos! ¡Puedo llegar a tres mil! No sabía si reír o llorar: habíamos alcanzado nuestro objetivo y teníamos que seguir adelante.

SOBRE EL DEBER DE DESOBEDIENCIA CIVIL

Me gustaría hacer una pausa aquí y editorializar un minuto. Aunque no me caí del camión de los nabos, como se dice, me desanimó el comportamiento del Ayuntamiento. Fue una batalla, es cierto, pero ¿tenían que jugar tan mal? Me di cuenta de que si no jugaban sucio, no tendrían un proyecto y, al parecer, consideraron que el fin justificaba los medios. Esta era una filosofía que iba a encontrar muchas veces en mis estudios sobre la Agenda 21 de la ONU y el desarrollo sostenible.

Si el fin puede describirse en un bonito escenario, una "visión", entonces lo que sea necesario para llegar allí es aceptable. "Por el bien común" es el grito de guerra del comunitarismo. Este "bien mayor" puede definirse de cualquier manera que convenga a los gobernantes, y la definición puede cambiar en cualquier momento.

Uno de mis héroes siempre ha sido Henry David Thoreau. Thoreau es más conocido por su meditación sobre la autosuficiencia, titulada "*En el estanque Walden*", pero mi obra favorita es "*Sobre el deber de la desobediencia civil*".

Este breve ensayo suele publicarse en una colección con Walden y suele llamarse "*Desobediencia Civil*". No sé por qué los editores acortan así el título, pero me gustaría que no lo hicieran, porque su mensaje es que hay un deber cívico de desobedecer cuando se sabe que algo está mal. UN DEBER. Francamente, es sorprendente que esta obra se siga estudiando en las escuelas, al menos eso espero.

La belleza y la claridad de *Sobre el deber de la desobediencia civil* reside en la insistencia de Thoreau en declarar su derecho, y el nuestro, a la independencia. No sólo en el cuerpo, sino en el pensamiento. En acción. En la creencia. La declaración individual de independencia. El reconocimiento de la responsabilidad personal para poner en práctica el deber cívico. El deber cívico de desobedecer cuando se reconoce que las acciones de su gobierno son incorrectas. El reconocimiento de que existe una norma moral clara y que es importante que la cumplamos. Esta es mi guía.

Algunas personas podrían leer esto y pensar que yo mismo soy "inmoral" por ser gay. Tenemos una gran tradición de pensamiento en América. Una tradición que no está lastrada por siglos de adhesión a reyes o iglesias, papas o dogmas. ¿Por qué los temas de los derechos de los homosexuales y el matrimonio gay han confundido y dividido al país? Es mejor que nos consideremos un pueblo moral basado en nuestras acciones individuales. Tenemos que examinar nuestro deseo de formar parte de un grupo. Hablo de la necesidad de formar parte del rebaño, de no levantar la voz porque nuestro vecino podría oírla, de no tirar piedras porque la multitud nos rodea. Para evitar plantear las preguntas difíciles, como: ¿Por qué toleré las restricciones a las libertades individuales debido a una amenaza externa percibida? ¿Por qué he aceptado que se restrinjan los derechos individuales por el "bien" general de la nación? ¿Por qué tengo tanto miedo a no caer bien que me alejo cuando se ataca a alguien por decir la verdad? ¿Por qué iba a tratar de imponer mis creencias religiosas a los demás? ¿Por qué estoy dispuesto a aceptar la corrupción del gobierno si la veo en mi propio partido político? ¿O en mi lugar de culto? ¿O en mi movimiento social? La cita más famosa de Thoreau, según la cual "un hombre debe seguir el ritmo de su propio tambor, por muy medido o lejano que sea", forma parte de una tradición profundamente estadounidense. Una tradición de la que estamos orgullosos por una razón. Hace falta valor, y nosotros lo honramos.

El comunitarismo puede ser muy sutil y difícil de ver, incluso en tu propio comportamiento. Funciona en conjunto con la presión social. Nos debemos a nosotros mismos como nación el estar atentos.

LA ZONA CREPUSCULAR

Con la demanda presentada y nuestro mayor compromiso de ayudar a los abogados, sentimos que teníamos las manos llenas. El periódico había escrito varios artículos sobre la demanda, la mayoría de los cuales me citaban erróneamente, y en uno de ellos el director de la ciudad decía que yo tenía "una oposición fundamental al gobierno". Me hizo mucha gracia, ya que estaba celebrando mis 23 años como empleado del gobierno.

En respuesta a la decisión *Kelo del* Tribunal Supremo en 2005, se presentó una proposición electoral, la Proposición 90, para clavar una estaca en el corazón de la reurbanización y las expropiaciones reglamentarias. Formé parte del consejo asesor para el desarrollo de la propuesta y estuve en la televisión local para cubrir la noche electoral de noviembre de 2006 sobre el tema de la reurbanización. Lamentablemente, la propuesta fue derrotada por un estrecho margen de menos del 5%.

Estábamos disfrutando de nuestra casa de 1880 en un encantador barrio histórico fuera de la zona de reurbanización y con ganas de hacer nuevos amigos y tener experiencias divertidas. Kay leyó el boletín de noticias del barrio y vio que la reunión anual de la Asociación de Vecinos del Junior College se celebraba en febrero de 2007. La JCNA es la mayor asociación de vecinos de la ciudad. El día de la reunión, yo estaba trabajando y Kay fue con algunos de sus vecinos. Unas horas más tarde, llegó a casa y me dijo que había sido elegida presidenta del barrio.

La anterior presidenta, Jenny Bard, no continuó, y nadie quiso el puesto. Kay pronunció un breve discurso sobre su deseo de conseguir el estatus histórico para el barrio y su voluntad de hacer el trabajo duro para representarlo. No habló de nuestra lucha por la reurbanización porque el barrio no forma parte de la zona de Gateways y sólo tuvo unos minutos para presentarse. Nos sentimos felices de estar ahora involucrados en una conexión más pacífica con nuestra ciudad. ¡Encaminado!

Unos días más tarde, nuestro vecino de enfrente, el que había propuesto a Kay para la presidencia, vino a decirnos que se le habían acercado Jenny Bard y algunos "líderes" de otros barrios -gente de la zona del proyecto de reurbanización- y que le habían presionado para que retirara su candidatura a la presidencia de Kay. Dijo que lo haría, si podían demostrar que la elección era inválida. Los supuestos líderes estaban acompañados por un estudiante de derecho que dijo que Kay no había sido elegido legalmente según las reglas de Robert. Voy a hablar brevemente de todo esto, sobre todo porque creo que se sorprenderán, como yo, de lo despiadados, deliberados e implacables que se han vuelto los ataques contra nosotros. Lo que no sabíamos era que la anterior presidenta, Jenny Bard, era la subdirectora de comunicaciones y promoción de la Asociación de Pulmón de California (una organización no gubernamental oficial de la ONU). Era una lobista a sueldo de Smart Growth, y nadie lo sabía. Antes de mudarnos a Santa

Rosa, había contratado a Dan Burden, un conocido defensor del crecimiento inteligente, para que viniera al barrio y diera un seminario sobre la reurbanización de Mendocino Avenue, la calle principal de nuestro barrio. Es la principal alternativa a la autopista y tiene cuatro carriles. Jenny y Dan, sin embargo, pensaron que sería mucho mejor con sólo dos carriles y una gran jardinera en la mediana: ¡calma del tráfico! Cuatro ruedas son malas, dos ruedas son buenas.

Bueno, aparentemente Jenny entró en pánico cuando Kay fue elegida, y en pocas semanas, rápidamente reunió a doce (12) personas para formar parte de la junta de vecinos - celebraron esta "elección" cuando estábamos fuera de la ciudad para la graduación de mi sobrina. Un amigo nos grabó el encuentro y fue aterrador. Los asistentes eran en su mayoría miembros de la coalición ciclista, no había forma de saber si eran realmente residentes locales en la audiencia para votar, y los gritos y chillidos eran increíbles. Cualquier vecino que se opusiera a la "elección" de doce funcionarios en 18 minutos era rechazado. No conocíamos a ninguno de los doce nuevos miembros de la junta directiva (excepto a Jenny, y en realidad no la conocíamos).

Su primer movimiento fue declarar inválida la presidencia de Kay basándose en las Reglas de Orden de Robert. No sé ustedes, pero nosotros nunca habíamos leído las Reglas de Robert. Compramos un ejemplar y empezamos a leer.

Había oído que uno de los jóvenes demócratas del barrio era parlamentario junior y se autodenominaba parlamentario del Comité Central Demócrata del Condado de Sonoma -también estaba en la comisión de planificación de la ciudad-. Le llamé para pedirle su opinión. Me llevé otro susto cuando, tras tres minutos de conversación, me di cuenta de que me estaba diciendo que Kay no había sido elegida legalmente porque no podíamos demostrar que habíamos pagado nuestra cuota de afiliación de 10 dólares (yo la había pagado en efectivo).

Entonces me puse en contacto con el parlamentario estatal (no sabía que había uno hasta que lo encontré en Internet) y le envié una carta muy objetiva con los detalles de la elección. Nos sentimos aliviados cuando nos devolvió una carta oficial diciendo que Kay había sido elegido legalmente.

Estábamos en otra pelea y no lo esperábamos. No sé si puedo transmitirte la profunda sensación de decepción que sentimos, y la convicción de que, de alguna manera, habíamos caído en la *Dimensión Desconocida.*

Todo esto parecía estar relacionado con nuestra lucha contra la reurbanización.

Los doce miembros de la junta directiva tenían sed de sangre, enfadados porque no podían expulsarla de la isla. Se reunieron en secreto, impidieron que Kay publicara en el sitio web del barrio (y luego lo borraron), nos enviaron correos electrónicos despiadados y exigieron un juicio. Dijeron que era un "personaje desagradable". Hay que conocer a Kay, como muchos, para entender lo ridículo que es llamarla "personaje desagradable". Es tranquila, seria, amable y justa. No es una persona obstinada y es capaz de escuchar todos los puntos de vista. Es bastante agradable, excepto cuando se viola la justicia, en cuyo caso habla con firmeza y no se echa atrás. ¿Qué había hecho para merecer esta etiqueta? Había presentado su candidatura para representar al barrio en la Alianza Vecinal.

La Alianza de Vecinos es algo que también puedes ver en tu ciudad, si buscas, aunque puede tener un nombre diferente. Es una confederación de todas las asociaciones de vecinos de la ciudad. Lo más probable es que este bloque de "líderes vecinales" sea pro-desarrollo, pro-crecimiento inteligente y pro-Agenda 21, aunque no lo llame así. Dado que "representa a todos los dirigentes vecinales", por extensión representa a todos los residentes, y habla en su nombre.

En nuestra ciudad, fue iniciada por Jim Wilkinson, un antiguo diplomático de carrera destinado a las Naciones Unidas por Gerald Ford. Wilkinson se trasladó a nuestra ciudad después de "jubilarse", pero era el presidente de la sección del condado de Sonoma de la Asociación de Naciones Unidas de Estados Unidos, una especie de club de música para *los entusiastas de la ONU*. Hay capítulos en todo Estados Unidos. La asociación también patrocina a estudiantes de secundaria, bachillerato y universidad en simulacros de cumbres de la ONU, donde los alumnos aprenden sobre la Agenda 21 de la ONU. Luego escribió cartas a los directores de varios periódicos atacándonos, y concedió una entrevista al Santa Rosa Press Democrat en un artículo titulado: *Koire The Face of Shadowy SR Coalition*. La otra fundadora de la Alianza de Vecinos fue Jenny Bard, defensora del crecimiento inteligente de la Asociación del Pulmón.

Así que Kay dio el desagradable paso de preguntar a la ex presidenta Jenny Bard dónde se celebraban las reuniones, diciendo que quería representar a nuestro barrio, ya que era claramente una "líder vecinal" y se suponía que este grupo estaba formado por este tipo de personas. Jenny Bard se negó a decírselo y dijo que quería seguir representando al barrio. John Sutter era el presidente de la AN en ese momento. Le llamé para preguntarle dónde se celebraban las reuniones y al principio se negó a decírmelo, diciendo que las reuniones eran privadas. Después de hablar con él durante un rato, declaró con orgullo que la AN era "el ayuntamiento en la sombra" y finalmente nos dio la dirección. Estaban reunidos en una sala trasera de las oficinas de Keller-Williams Realty en Stony Point Road.

Kay y yo, junto con Sonia Torre (de nuestra asociación profesional), acudimos a la reunión y fuimos introducidos fríamente en una sala con unas diez personas, entre ellas Bard y Wilkinson, que estaban allí para "representar" a su barrio. Uno de los "líderes" era Fred Krueger. Lo investigué y descubrí que es el director de un culto religioso a los árboles, la Campaña

Religiosa para la Conservación de los Bosques (RCFC), que aboga por el fin de la tala comercial. Es una ONG que asesora a las Naciones Unidas.

Los "dirigentes" decidieron que podíamos estar presentes en los dos primeros puntos del orden del día, pero que teníamos que irnos. Me di cuenta de que había algo sobre los candidatos al ayuntamiento en el orden del día, y me lo arrebataron. Entonces mi compañero fue sistemáticamente atacado por cada persona durante todo el tiempo que ésta quiso hablar. Kay protestó que era como una especie de juicio, un tribunal canguro, pero continuó. A Kay, Sonia y a mí se nos dio un minuto a cada uno para responder, y el presidente John Sutter, un constructor de "Asentamientos Humanos" (término de la Agenda 21 de la ONU) según su página web, se quitó el reloj y lo puso delante de él en la mesa para asegurarse de que no nos daba más de un minuto. Hablamos con calma y claridad sobre nuestras preocupaciones, las de Kay como líder vecinal, las de Sonia como líder empresarial y las mías como estadounidense. Después de hablar, nos dijeron que nos fuéramos, nos acompañaron a la salida y cerraron la puerta tras nosotros.

Este grupo no estaba abierto al público ni a todos los líderes del barrio. Fue una parodia y una vergüenza para todos los que participaron. Me sorprendió que un grupo que dice representar a todos los barrios de Santa Rosa pueda funcionar de esta manera en nuestro país.

Al utilizar a estas pocas personas para representar a toda la ciudad, el gobierno local puede decir que tiene el apoyo de la comunidad cuando quiere aprobar un plan de ordenación del territorio o una nueva política que no es popular. Al dar a conocer a estos supuestos líderes elegidos a dedo, la ciudad puede manipular al público y dejar de lado a los verdaderos ciudadanos que se presentan para oponerse. Kay fue al ayuntamiento el martes siguiente e informó a la ciudad, ante la cámara, de que hay un grupo en la ciudad llamado "ayuntamiento en la sombra". Esto debería haber salido en el periódico.

Justo después, la junta directiva convocó una reunión de vecinos para calificar a Kay de "personaje desagradable" e "investigarla". No es broma. Kay y yo fuimos al Odd Fellows Hall temprano y reorganizamos las sillas para que hubiera una mesa larga delante para la junta y asientos para el público delante. Trajimos una bandera americana de otra habitación. Cuando Kay, la presidenta, llamó al orden a la reunión, anunció que todos íbamos a jurar lealtad. La junta estaba evidentemente molesta y enfadada, pero se levantó de mala gana mientras Kay dirigía el juramento. Quería recordarles que en Estados Unidos defendemos la verdad y la justicia para todos. Sólo había una docena de "vecinos" entre el público, así como un columnista del Santa Rosa Press Democrat que había escrito un artículo difamatorio sobre Kay la semana anterior. La junta se puso rápidamente manos a la obra y quiso votar para investigarla sin que Kay ni nadie tuviera la oportunidad de hablar. Me levanté y dije que la acción del consejo era descarada e indignante. Lo repetí mientras todo el consejo me gritaba que me sentara y me callara. Mirando sus caras rojas y sus bocas abiertas, el sonido de sus gritos era como el de los perros que ladran. Fue un momento surrealista que nunca olvidaré. Les di la espalda y les dije que podían llamar a la policía si querían, pero que no me sentaría a callar. Fue una barbaridad. Nunca había visto nada igual en mi vida. Los pocos vecinos del público permanecieron paralizados y en silencio, para mi decepción.

Kay mantuvo la calma y gestionó la reunión. Unos minutos más tarde, la junta votó 12-1 para investigar a Kay, siendo su voto el único desacuerdo.

La idea de una investigación era una locura. Era puro acoso.

No había absolutamente nada que "investigar". El columnista del *Press Democrat* escribió otro artículo y me señaló por haber interrumpido la reunión por mis gritos de "desvergüenza". Más tarde, cuando leí *Vida y muerte en Shanghai*, de Nien Cheng, me di cuenta de que habíamos sido víctimas de "reuniones de lucha" como las que se utilizaban en la China comunista en los años sesenta para disolver la sociedad.

Después de eso, investigué seriamente quiénes eran estos miembros de la junta. Eran compinches, aduladores, personas que tenían todo para ganar con la reurbanización, o miembros de juntas directivas de grupos ecologistas. Dos de ellos parecían ser mentalmente inestables; uno de ellos nos envió un correo electrónico despiadado en el que nos decía que "podíamos seguir viviendo en el barrio" pero que no se nos permitiría participar en la dirección. Creo que incluso estaba demasiado loco para la junta: fue expulsado unos meses después. Dibujé gráficos y coloqué en ellos organizaciones, personas, grupos, organizaciones sin ánimo de lucro, funcionarios e ideologías, con líneas que conectan los elementos. Lo que resultaba extraño era que la reurbanización de parecía estar en el centro de todo. Me pregunté si sólo estaba obsesionado o si nos habíamos metido sin querer en el corazón de un nido de serpientes.

El principal miembro de la junta directiva implicado fue Gary Wysocky, antiguo presidente de la Coalición de Ciclistas del Condado de Sonoma. La coalición ciclista había sido muy agresiva en su apoyo al proyecto de reurbanización de Gateways. Wysocky había asistido a un "entrenamiento" de la Alianza Thunderhead, donde quedó tan impresionado que su cita se utilizó en su literatura. Todavía lo es - aquí está su cita:

"Un kit práctico para influir en las políticas públicas. Aprendí métodos y tácticas que utilizo regularmente. La política de la Junta Directiva exige ahora que al menos un miembro al año asista a la formación de Thunderhead". - Gary Wysocky, Presidente de la Coalición de Bicicletas del Condado de Sonoma

Muchos grupos nacionales de defensa del medio ambiente y del transporte patrocinan la formación de candidatos y dirigentes. Esta es una de las razones por las que encontrará la misma jerga y el mismo razonamiento utilizados en todo el país. Han sido entrenados. Esta actitud de superioridad se fomenta en las personas débiles. Se les dice que son mejores que los demás porque viven con menos. Se les dice que la "creación de riqueza" es mala porque crea una sociedad "desequilibrada" (desigualdad social) y que es mejor trabajar para una organización sin ánimo de lucro ganando salarios bajos. Oye, esta es la nueva pobreza: está de moda, es genial, es la nueva ola del futuro. Montar en bicicleta demuestra que estás redefiniendo el progreso (no me lo estoy inventando).

A cualquiera que se oponga a lo que se define como "equidad social" se le llama "hater". Recuerda que el acoso se convierte en un delito. Así que sólo hay un paso para pasar de ser tachado de "odioso" y de "usuario de discursos de odio" a ser identificado como un delito contra la comunidad. Existe un término llamado "flipping". Es cuando te acusan de hacer o decir lo que en realidad te están haciendo o diciendo. Esta táctica se ha utilizado contra nosotros. Sí, forma parte del conjunto de herramientas para influir en las políticas públicas.

Métodos y tácticas

¿Y qué le enseñaron? Thunderhead Alliance/People Powered Movement dice que es "la única serie de formación de campañas profesionales para líderes de organizaciones de defensa de la bicicleta y los peatones". En aprenderás a promover las "calles completas", a recaudar fondos y, mi favorito, a "mapear la estructura de poder en tu comunidad, apoyar y aprovechar a los aliados, y neutralizar y convertir a los enemigos". Sabiendo esto, y también sabiendo que Enterprise Community Development (el enorme promotor de crecimiento inteligente de bajos ingresos subvencionado por el gobierno nacional) estaba en la junta de Thunderhead Alliance, me sentí frío. Las coaliciones ciclistas son las tropas de choque para la reurbanización, abogando por el crecimiento inteligente y las calles completas.

Aquí está el folleto de Thunderhead para la formación de 2007:

cycling & health

Thunderhead Training Winning Campaigns Washington, D.C. - 5-7 de octubre de 2007 MÁS formación en materia de grupos de presión el 8 de octubre y visitas a la colina el 9 de octubre

La única serie de formación profesional para dirigentes de organizaciones de ciclistas y peatones.

Únase a sus compañeros defensores de los ciclistas y los peatones para aprender de entrenadores expertos y apoyarse mutuamente a través del programa probado de Thunderhead de elegir, liderar y ganar campañas para promover calles completas, donde caminar y andar en bicicleta son seguros y comunes.

Después de tres días de trabajo divertido e inspirador con los principales expertos en promoción del país, saldrá con las herramientas y la confianza necesarias para convertirse en un líder en su comunidad, un líder que no sólo sabe cómo abogar por las mejoras, sino cómo ganarlas.

Aprenderá a: elegir el tema adecuado; establecer objetivos realistas pero visionarios, elegir las mejores estrategias y tácticas, y cumplir los plazos; establecer la estructura de poder en su comunidad, apoyar y aprovechar a los aliados, neutralizar y convertir a los enemigos; comunicar con eficacia, llegar al público adecuado con el mensaje correcto a través de los medios de comunicación adecuados,... y recaudar fondos, para fortalecer su organización para la próxima gran victoria.

Al final, dispondrá de un plan de campaña detallado que garantizará el éxito de la misma y preparará a su organización para obtener mayores victorias en el futuro.

La inscripción cuesta sólo 250 dólares e incluye la recepción del viernes, el desayuno, el almuerzo, el paseo en bicicleta y la fiesta del sábado, y el desayuno y el almuerzo del domingo. Se incluye la formación en el vestíbulo el lunes y las excursiones el martes. 100 para la formación de los grupos de presión y las visitas a la colina solamente.

Hay descuentos para los representantes adicionales de la misma organización.

Regístrese hoy en www.thunderheadalliance.org

"Un kit práctico para influir en las políticas públicas. *Aprendí métodos y tácticas que he utilizado regularmente. Ahora la política de la junta directiva es que al menos un miembro de la junta asista a la formación de Thunderhead cada año"* - Gay Wysocky, Presidente de la Coalición de Bicicletas del País de Sonoma

"Aunque tengo un máster en Administración Pública y muchos años de experiencia, la **formación fue totalmente nueva para** *mí, ¡y mereció la pena el tiempo, el viaje y el* **coste!** *"* - Emily Drennen. Director Ejecutivo en funciones, Walk San Francisco

"Lo que es único de la formación de Thunderhead es que está personalizada; todo era aplicable a nuestro grupo de defensa de la bicicleta. Es **una de las mejores cosas que he hecho como director general de mi organización.** *Te llenará de energía y te llevará a casa renovado y listo para hacer las cosas con una nueva perspectiva"* - Adam Fukushima, Exec. Director Ejecutivo de la Coalición de Ciclistas del Condado de San Luis Obispo.

Si quieres divertirte, escribe en tu buscador "Natural Resources Defense Council" y "Smart Growth". Verá una imagen de una calle titulada "Picturing Smart Growth". Es divertido, de verdad. Haz clic en él. La imagen se convertirá en una calle transitada, transitable, apta para bicicletas y totalmente ajardinada, con edificios construidos detrás de la acera a ambos lados. ¿Qué pasó con los edificios que había antes? ¿Quién es el dueño de esta tierra ahora?

Setenta ciudades están representadas en su mapa interactivo. Échale un vistazo. Se dirige hacia ti. Calles completas" es un programa/plan legislativo financiado por sus impuestos sobre el transporte y la renta que cambia las calles de acuerdo con los requisitos del crecimiento inteligente. Si se pinta un carril bici en la calle (corredor de transporte), se pone en marcha un autobús o un tren en esa calle o cerca de ella Y se aplica el crecimiento inteligente a ambos lados de la calle, entonces están "completos". Eso es mucho dinero para los promotores de Crecimiento Inteligente y los operadores de viviendas de renta baja. ¿He mencionado que alrededor del 20% de los fondos de reurbanización se supone que se destinan a viviendas de bajo coste? ¿Ves cómo las coaliciones de ciclistas y los promotores de viviendas de bajo coste están vinculados a la reurbanización?

No te culpo si piensas que esta mujer, Rosa, y su pareja pueden ser realmente todo lo que dicen ser, pero ¿cómo saberlo? Pues bien, un día nos llevamos una sorpresa cuando se puso en contacto con nosotros el antiguo presidente de la asociación de vecinos del West Junior College, un hombre muy agradable que escribe un boletín para su iglesia. Nos dijo que lo mismo le había ocurrido el año anterior en su barrio, justo al otro lado de la Avenida Mendocino. ¿Por qué? Porque apoyaba la construcción de un aparcamiento para los estudiantes del Junior College. Verás, los grupos locales de la Agenda 21 de la ONU no quieren más aparcamientos porque quieren que vayas en bicicleta y vivas en un crecimiento inteligente. De hecho, la Coalición de Ciclistas del Condado de Sonoma demandó al Santa Rosa Junior College para evitar que se construyera el aparcamiento. Y nuestro nuevo amigo, el antiguo presidente del barrio, no quería que los estudiantes aparcaran en ningún sitio de su barrio, así que apoyó el garaje. Le echaron, le hicieron sentir racista (es afroamericano) y le mintieron a los vecinos que resultaron ser planificadores del crecimiento inteligente.

Todo se estaba aclarando para nosotros, y no era bonito.

Pasaron algunas semanas y en agosto de 2007 la junta convocó a Kay a una audiencia sobre los resultados de la investigación en la casa de un miembro de la junta. Por supuesto, nunca la habían entrevistado a ella ni a nadie que conociéramos. Había solicitado la presencia de un abogado, pero su petición fue denegada porque no vivía en el barrio. No había nadie del vecindario y nadie lo sabía. En la vista, que fue como un tribunal secreto, les dijo que se trataba más de ellos que de ella, y que se lo tomaba como una declaración de guerra: nosotros y nuestra asociación profesional íbamos a darlo a conocer en todas partes (luego repartimos folletos en el barrio). Acababa de aceptar un puesto en Hábitat para la Humanidad para dirigir su programa Women Build y no quería que esta polémica continuara.

(La experiencia de Hábitat para la Humanidad es otra historia política surrealista, pero esto es suficientemente largo). Aceptó ceder su puesto de presidenta a Gary Wysocky y completar su mandato de dos años como miembro de la junta directiva. Mientras la pesadilla continuaba, Wysocky envió un correo electrónico a la junta directiva de la JCNA diciendo que necesitaba patrocinar un picnic para "sofocar la disensión". Unas semanas más tarde, el panorama se animó cuando Wysocky anunció su candidatura al ayuntamiento como "líder de su barrio". Esto explicaba gran parte del acoso. Al parecer, los partidarios de Wysocky habían decidido que necesitaba un puesto actual para presentarse como concejal. No se había presentado contra Kay cuando ésta había sido elegida democráticamente seis meses antes, por lo que ahora tenía que asumir el cargo "por nominación".

¿Te imaginas el estrés al que nos enfrentamos en nuestro encantador y tranquilo barrio? Hubo momentos en los que estaba literalmente asustado. Un hermoso pueblito en la región vitivinícola del norte de California, y se estaba pudriendo de adentro hacia afuera. Lo peor es que ahora sé que esto no es inusual.

UNA COALICIÓN DE AMIGOS

Nos convertimos en asiduos a las reuniones del Consejo Municipal y de la Comisión de Planificación durante años, defendiendo a nuestros nuevos amigos. Ayudamos a detener el impuesto sobre el área de mejora de los negocios que habría canalizado el dinero de las pequeñas empresas a una organización sin ánimo de lucro, Main Street USA. Por cierto, Main Street USA realiza "cursos de formación" para el personal de desarrollo comunitario de la ciudad y, en un seminario, les enseña a superar su mayor obstáculo: los propietarios. Entre nuestros muchos casos, ayudamos a mantener abierto el centro de mayores de la ciudad ayudando a las personas mayores a defenderse ante el ayuntamiento. Nos dimos cuenta de que parecía que cualquiera que se alineara con nosotros conseguía lo que quería, porque la ciudad no quería que recibiéramos más apoyo de un electorado inquieto.

Hicimos algo de recaudación de fondos para la demanda y conocí a algunas personas fantásticas que generosamente donaron a nuestra organización sin ánimo de lucro, Concerned Citizens of Santa Rosa Against Redevelopment Law Abuse. Como siempre, garantizaba el anonimato de nuestros donantes, que eran empresarios muy trabajadores. Tenían que trabajar con la ciudad para conseguir sus permisos y contratos; no querían ponerlo en peligro. Uno de nuestros abogados tenía una hija gay y el bufete decidió generosamente que podría hacer parte del trabajo de forma gratuita si aceptábamos seguir recaudando fondos, hacer promoción para el bufete y revisar todos los escritos. Organicé almuerzos de trabajo, reuniones privadas, presentaciones y envíos por correo, además de nuestros boletines periódicos.

Estos boletines, que escribimos, imprimimos y distribuimos durante tres años, eran bastante inusuales en nuestra ciudad y cubrían todo, desde la reurbanización hasta el inminente cierre del centro de mayores, pasando por la debacle del tren Sonoma Marin Area Rapid Transit (SMART) y los planes generales y la zonificación. Las asociaciones de vecinos de la ciudad tenían sus boletines impresos gratuitamente por la ciudad, pero el contenido tenía que ser aprobado. ¿Cómo lo sabemos?

Intentamos poner un anuncio en uno de los boletines de la zona de reurbanización. El anuncio era para nuestra asociación empresarial y era muy sencillo. Era simplemente un anuncio de la formación de nuestro grupo y una tarjeta de visita con el nombre Santa Rosa Area Business Association y la dirección del sitio web. El anuncio fue rechazado, la ciudad se negó a imprimirlo. Así que escribimos e imprimimos nuestros propios boletines de cuatro páginas, y los pagamos nosotros mismos. Los distribuimos a pie a cientos de negocios y propiedades. Llegamos a conocer a mucha más gente, y empecé a pensar que ahora conocía a algunas de las mejores personas que había conocido, y a algunas de las peores.

Alguien se había asegurado de que mis jefes, el subdirector de distrito del Departamento de Transporte de California, Robert A. Macpherson, y el jefe de la oficina, Mark Shindler, recibieran una copia de los numerosos artículos de prensa y columnas que nos nombraban. Agradezco que nunca me hayan dicho una palabra al respecto, salvo para preguntarme cómo lo llevaba.

La cultura de la integridad en el Distrito 4 de Derecho de la Vía de Caltrans es fuerte.

Más tarde, la ciudad de Santa Rosa pidió directamente al director que no me permitiera evaluar nada en Santa Rosa para el proyecto de ampliación de la autopista aquí. Me dijo que sí, pero que era porque estaba trabajando en un proyecto más grande más al sur. Sin embargo, la ciudad no lo sabía y era obvio que querían hacerme daño. Conseguí la información presentando una solicitud de registros públicos a la ciudad para obtener todos los documentos que tenían sobre mí.

Las cosas estuvieron tranquilas durante un tiempo con la asociación de vecinos: habían conseguido lo que querían y Gary Wysocky fue elegido concejal. El ayuntamiento estaba ahora controlado por los partidarios de la coalición ciclista. De los siete miembros, cuatro eran de esta facción. Una de ellas, Veronica Jacobi, era miembro de la junta directiva del Sierra Club y no tenía coche, ni nevera. Demasiados gases de efecto invernadero.

Si lo juntamos todo, tenemos la Agenda 21

Mientras tanto, nuestro caso, *Tokerud contra la ciudad de Santa Rosa*, llegó al Tribunal Superior del Condado de Sonoma y perdimos. Nuestros argumentos eran excelentes y nuestro apoyo era fuerte, incluyendo algunos "gotcha" de dinamita que creíamos que podían derrotar el caso de la ciudad, pero fue como si lanzáramos bombas y cayeran como plumas. Nada convenció al juez. No hubo jurado en este caso. Tampoco hay justicia. A pesar de que la ciudad utilizó información obsoleta, de que los cálculos eran totalmente confusos y los datos rotundamente erróneos en el informe, y de que mantuvieron las estadísticas de los barrios (el 15% de la superficie total) que habían eliminado de la zona del proyecto, el tribunal siguió fallando a favor de la ciudad. Mi padre, abogado, solía decirme cuando era niño y me quejaba de que algo no era justo en la ley: "Lo que es justo es lo que pasa en la ciudad al final del verano". Esa es la dura verdad, como he comprobado también en mi trabajo de apoyo a los litigios. Puedes tener razón y perder. El aspecto positivo de esta derrota es que el juez decidió que habíamos agotado los recursos administrativos, es decir, que habíamos hecho todo lo posible para que se escuchara nuestro caso, y que podíamos pasar a la instancia de apelación. Nuestros abogados nos aconsejaron que lo hiciéramos, así que continuamos recaudando fondos, lo que era más difícil de hacer ahora que la economía se estaba hundiendo en 2007/2008. Al final, recaudamos unos quinientos mil dólares en donaciones y trabajo legal *gratuito*. La ciudad se gastó el doble en luchar contra nosotros, puede que hayan tenido que trabajar el doble.

Había investigado un poco para tratar de ponerlo todo en orden y parecía que aprendía algo nuevo cada dos horas. Nos pusimos en contacto con otros grupos de derechos de propiedad de la zona, uno de los cuales se llamaba Sonoma County Land Rights Coalition.

Formado principalmente por propietarios rurales que se oponían al control de sus aguas subterráneas por parte de la Agencia del Agua del Condado de Sonoma, este grupo se encontraba generalmente en el extremo opuesto del espectro político de la mayoría de nosotros, pero no nos importaba. El objetivo era reafirmar nuestros derechos de propiedad privada. A través de su líder, Orlean Koehle, descubrimos la Agenda 21 de la ONU y se nos encendió la bombilla. Era el corazón oscuro de lo que estábamos combatiendo.

Leí sobre el plan de la Agenda 21 de la ONU, investigué sobre ICLEI, miré los contratos de los gobiernos, vi vídeos, leí libros, miré las páginas web de los grupos ecologistas y de los gobiernos, y me enteré del plan de la ONU que estaba dando forma a nuestro mundo. Pasé de ser escéptico a reconocer que la "revolución de la planificación" que había observado y contra la que había luchado en mis reuniones con urbanistas de los nueve condados de la bahía de San Francisco durante unos 10 años era la Agenda 21 de la ONU. Miré los gráficos que había elaborado sobre las conexiones en Santa Rosa y el condado de

Sonoma y me quedó claro que la reurbanización era el núcleo de la Agenda 21 de la ONU/desarrollo sostenible, y era su brazo de financiación y ejecución. Afortunadamente para nosotros, habíamos sido atacados por muchos grupos diferentes, lo que me ayudó a ver estas conexiones e identificar a los actores. Era enorme. Al igual que antes, tuve que reírme de mi temprana ignorancia al tratar de jurar lealtad a ciertas personas que habría pensado que serían aliadas. Personas del Partido Demócrata, grupos ecologistas, sindicatos, grupos cívicos (¿he mencionado que la Cámara de Comercio y el promotor local de viviendas de bajo coste se habían unido a la ciudad contra nosotros en la demanda? Incluso había considerado la posibilidad de presentarme al ayuntamiento y me había reunido con un asesor político, el marido de nuestra senadora estatal. Debió pensar que era muy divertido. Su esposa, la senadora Patricia Wiggins, fue la fundadora del Caucus Legislativo de Crecimiento Inteligente de California.

Pero esto no es sólo un asunto para los demócratas. No quiero sugerir que un partido sea mejor que otro. La gente que está en el poder quiere mantenerse en el poder. La gente que quiere el poder intenta conseguirlo. Si se sigue la trayectoria de Barack Obama, se verá que fue el Partido Republicano el que lo llevó a la presidencia. Un poco de investigación sobre su trayectoria desde el senado estatal hasta la cima le mostrará que llegó a su escaño en el Senado de EE.UU. por el colapso de la campaña del titular y favorito Jack Ryan (la esposa de Ryan le acusó de bajeza moral durante su proceso de divorcio; los expedientes judiciales de fueron sellados; el periódico Chicago Tribune demandó que se desprecintaran los sellos, algo sin precedentes en un caso de divorcio; tras el escándalo, el Partido Republicano presionó a Ryan para que abandonara la carrera a pesar de que aventajaba a Obama en un enorme 70:30; el partido republicano no consiguió identificar un nuevo candidato y finalmente, 3 semanas antes de las elecciones, presentó a Alan Keyes, un afroamericano católico ultraconservador de Maryland, utilizado por los republicanos como aguafiestas en las elecciones). Keyes perdió por un margen de 30:70 frente a un senador estatal de los suburbios de Chicago que en su día fue muy discreto: Barack Obama. En mi opinión, otras maniobras aseguraron su elección como presidente. No quiero entrar en una cuestión partidista. Menciono esto para decir que estamos siendo manipulados. Los partidos políticos forman parte de la dialéctica.

El poder no tiene partido. La Agenda 21 de la ONU no es partidista.

Aprendí sobre la dialéctica hegeliana gracias a Niki Raapana, el principal crítico del comunitarismo en el mundo. Su libro, *2020: Our Common Destiny*, es un excelente análisis del movimiento supranacional de desarrollo sostenible. La dialéctica hegeliana es la base filosófica del comunitarismo. La idea es que la verdadera libertad sólo llega a través de la esclavitud al Estado, ya que entonces todo el libre albedrío se entrega a un orden superior (el gobierno).

Paradójicamente, la esclavitud trae la libertad. A Karl Marx le gustaba este truco y lo utilizaba políticamente. La sumisión al Estado, en aras del bien común, trae consigo las alegrías de una vida sin preocupaciones, en teoría. En la práctica, no tanto. La máscara verde debe permanecer en su lugar para implementar esto "por el bien mayor", de lo contrario habrá un caos doméstico y la interrupción de la explotación del trabajo de las masas.

Y una nota sobre el totalitarismo y el fascismo, porque de eso estamos hablando. Todo estado totalitario se basa en estos cinco elementos:

> ➢ Amplia información sobre los habitantes y los recursos
> ➢ Control total de los movimientos, discursos, sindicatos, universidades, iglesias, producción y mercados.
> ➢ Terror

➢ Visión de un futuro glorioso
➢ El control espartano del presente, la escasez

El fascismo difiere en que permite el control corporativo y la propiedad privada con subsidios del gobierno (asociaciones público-privadas) y está esencialmente controlado por las grandes empresas. El resto de los elementos son los mismos.

El terror en nuestro país se considera externo (la historia del 11-S), interno (la historia del ántrax, la historia del terrorista de los zapatos) y global (la historia del cambio climático). Seguiremos discutiendo sobre esto en 2050; será como el asesinato de JFK. La historia justifica el control, es decir, la USA Patriot Act, el aumento de la vigilancia doméstica, los registros, las listas de exclusión aérea y las restricciones y el adoctrinamiento sobre el uso del suelo, la energía, el transporte y la educación.

Agenda 21 de la ONU - El desarrollo sostenible es el futuro glorioso que hace posible el presente espartano. Es la máscara verde. El futuro es una representación artística de cielos azules, espacios verdes comunes y mucha gente sonriente en bicicleta en ciudades limpias y brillantes. El presente, a corto plazo, es cada vez más austero, más constreñido e impregnado de la retórica apocalíptica y de pánico del calentamiento global. Con las herramientas de que disponen, las ciudades y los condados están aplicando el plan Agenda 21 de la ONU.

Utilizan la reurbanización, la aplicación de códigos, los bulevares para bicicletas, los programas de modernización de edificios ecológicos, los impuestos y las multas, los planes generales y cualquier otra cosa que suponga una pérdida de tiempo y recursos para el "bien mayor".

Sí, he dicho "pierde tiempo y recursos". Este es un objetivo de la Agenda 21 de la ONU. El despilfarro de recursos, ya sean humanos o naturales, es intencionado. Como dijo George Orwell en su brillante libro, *1984, se* necesita *una* guerra constante para absorber los productos del trabajo de todos con el fin de mantener la escasez y una cultura de la escasez.

Las medidas de austeridad aumentarán. Los recursos naturales estarán prohibidos.

La ingesta de calorías se reducirá (¡usted es obeso!). La fabricación se concentrará en campos de trabajo casi esclavistas, como ocurre actualmente en China e India. De hecho, esta imagen encaja bastante bien, ¿no? ¿El modelo chino? Una fábrica en la planta baja de un pueblo de tránsito con viviendas en el piso superior para los trabajadores. Hoy estás viendo un dibujo al pastel y mañana estarás en una prisión inteligente®. ¡Verde!

Los demócratas contra la Agenda 21

Poco después de empezar a investigar la Agenda 21 de la ONU, empecé a preguntarme si éramos los únicos liberales que la conocían y se la tomaban en serio. ¿Cómo puede ser esto? Los demócratas tienen propiedades.

Los liberales no quieren vivir en una corporatocracia. Los pueblos libres no aceptan un gobierno totalitario. Los derechos civiles son una parte vital de nuestra libertad: ¿por qué se decía que la Agenda 21 de la ONU era una fantasía de la derecha? ¿Cuál era el objetivo de esta polarización? ¿Fue para evitar que miráramos detrás de la máscara verde? Ciertamente, sabíamos que íbamos por el buen camino, dado el enorme esfuerzo por intentar desacreditarnos y atacarnos.

Pensé en llamar al sitio *"Aldeanos con tenedores"*, pero alguien ya lo tenía. Desde el punto de vista político, me di cuenta de la importancia de ampliar el espectro de la conciencia. Ser *demócratas contra la Agenda 21 de la ONU* fue decepcionante e inusual, pero esperaba que fuera un presagio del futuro movimiento contra el control totalitario que, con suerte, pronto vendrá de la izquierda. La constatación de que el movimiento ecologista ha sido secuestrado debería sacudir y despertar a los liberales para que se posicionen en contra de la Agenda 21 de la ONU. Se trata de un movimiento popular no partidista. No importa si tomas té o café, pero aléjate del Kool-aid.

La ciudad está perdiendo el control

La tranquilidad terminó a principios de 2009 con el bulevar ciclista de la calle Humboldt. La calle Humboldt es una calle colectora norte-sur con un tráfico moderado que atraviesa nuestro frondoso distrito histórico a lo largo de una milla. Es nuestra alternativa local a la carretera principal más concurrida y todas nuestras calles más tranquilas terminan allí. El Consejo de Ciclistas y Peatones ha decidido pedir al Ayuntamiento que la calle Humboldt sea un "bulevar para bicicletas". Se supone que un bulevar para bicicletas es una calle de baja velocidad y tráfico que da prioridad a las bicicletas. Puede incluir rotondas, desvíos y otros obstáculos para impedir y desalentar el tráfico de automóviles. Se anunció una reunión de visión (Delphi) para obtener un "consenso vecinal" para el plan. Kay distribuyó folletos informando al vecindario de la reunión, lo que molestó mucho al consejo. ¿No querían que alguien fuera a la reunión y no querían que se cerrara la calle al tráfico?

La reunión fue una típica reunión Delphi con una "visión" orientada al resultado predeterminado de la construcción del bulevar ciclista. No había forma de saber si los participantes vivían realmente en el barrio o si venían de otros lugares para influir en el "voto". Los planes preveían la supresión de todas las señales de stop de cuatro direcciones en esta calle bastante transitada, la instalación de rotondas en las intersecciones, la supresión de algunos aparcamientos e incluso el cierre total de la calle al tráfico de paso. Todo ello parecía susceptible de provocar graves accidentes. Algunos de los residentes de mediana y avanzada edad que se opusieron fueron calificados de "viejos gruñones" en el sitio web de la ciudad.

Puedes imaginar lo enfadados que estaban.

El mandato de dos años de Kay en la junta de la asociación de vecinos estaba a punto de expirar, y estaba claro que los miembros de la junta no querían arriesgarse a que otra persona, a la que no podían controlar, entrara en la junta. ¿Qué han hecho? Votaron (siendo Kay el único voto en contra) a favor de modificar el reglamento para, entre otras cosas, prohibir que alguien proponga a una persona para un puesto si no ha sido aprobada antes por el consejo. ¿Qué significa ? Nunca más habrá un consejo elegido democráticamente. La junta celebró las elecciones con la nueva constitución y yo me quedé en casa. Los "viejos gruñones" y sus esposas se pusieron en contacto con nosotros después de la reunión de barrio y dijeron que estaban horrorizados por lo que parecía ser una elección amañada de los entusiastas de la coalición ciclista. ¿Queremos empezar a organizar nuestras propias reuniones? Al final, no estábamos solos.

Creé un sitio web utilizando el extremadamente fácil constructor de sitios web Weebly punto com y decidimos llamarnos la Coalición de Vecinos de Santa Rosa. Nuestro lema es "Implícate, es TU ciudad".

Distribuimos folletos en el barrio anunciando una reunión vecinal sobre temas de interés y celebramos la reunión en nuestra casa. De unos 400 volantes, sólo tuvimos 30 personas en nuestra reunión. Ese es el estado de la participación cívica en estos días: estamos todos muy ocupados. Pero el grupo principal era excelente. Además del bulevar ciclista, teníamos un punto muy importante en el orden del día: la propuesta de un programa obligatorio de rehabilitación de edificios verdes. Se trataba de una propuesta impactante que había sido estudiada durante un año por un grupo de trabajo de la ciudad llamado Comité Asesor de Construcción Verde. Formado por constructores, grupos ecologistas, la cámara de comercio, agentes inmobiliarios y el promotor de viviendas de bajo coste de la zona, el grupo redactaría los nuevos requisitos de construcción ecológica. Según la propuesta, todos los edificios comerciales y residenciales existentes en la ciudad estarían sujetos a inspecciones energéticas obligatorias, desde el ático hasta el sótano. Para hacer cumplir esta medida, habría que realizar inspecciones cuando se vendiera o renovara una propiedad. Las mejoras energéticas deben ser iguales o superiores al 1,5% del precio de venta si la propiedad se vende, o del valor de la renovación. No se tramitarán transferencias de propiedad ni permisos de renovación hasta que la inspección y las mejoras sean aprobadas por la ciudad. ¡Vaya! Santa Rosa sería la primera ciudad de EE.UU. en hacerla obligatoria. El comité aconsejaba al ayuntamiento que adoptara esta propuesta y sólo hubo un puñado de votos en contra (un agente inmobiliario y algunos constructores) de los diecinueve miembros del comité.

Queríamos despertar a los ciudadanos de nuestra ciudad. Algunos miembros de nuestro nuevo grupo seguían pensando que "la ciudad no haría algo así" e invitaron al representante de la Junta de Agentes Inmobiliarios en el Comité Consultivo de Construcción Ecológica a nuestra reunión para que hablara de lo que había ocurrido en el comité. Cuando vino a hablar con nosotros, quedó claro que la única razón por la que los agentes inmobiliarios se oponían a esto era porque podría ralentizar las ventas, no porque se tratara de un registro de nuestras casas sin orden judicial. No porque a cada propietario le costaría unos 750 dólares por cada inspección. No porque fuera una violación de nuestro derecho a la intimidad. Después de que dejara claro que sólo le importaban sus comisiones, le dije: "Mira, no recibimos ninguna ayuda de la Junta de Agentes Inmobiliarios ni de nadie. Lo único que podemos hacer es repartir folletos por la ciudad y llamar la atención de la gente sobre esto. Hagámoslo".

Escribí el siguiente folleto e hicimos 7000 copias. Una quincena de personas dividimos la ciudad en cuatro cuadrantes y colocamos estratégicamente los folletos en las puertas durante varias semanas. Aquí está el folleto:

Aviso

La ciudad de Santa Rosa está en proceso de imponer requisitos de construcción ecológica a todos los edificios existentes, lo que repercutirá en su casa y su negocio. La ciudad está elaborando directrices que pueden incluir:

Inspecciones y pruebas obligatorias (750 dólares) de cada propiedad en Santa Rosa

La obligación de que cada propietario pague hasta el 1,5% del valor de su propiedad en obras de mejora energética antes de que pueda concluir la venta de su propiedad

La obligación de que cualquier propietario pague hasta el 1,5% del valor de su propiedad en obras de mejora energética antes de poder obtener un permiso de renovación

La obligación de aumentar la eficiencia energética de su propiedad en un 15% cada vez que venda u obtenga una licencia, independientemente de las obras ya realizadas.

Lea algunas partes del informe de la Comisión Asesora sobre Construcción Ecológica:

Www.santarosaneighborhoodcoalition.com

Contacto con el alcalde Gorin: sgorin@srcity.org o teléfono: (707) 543-3010

Participa------ ¡es tu ciudad!

Nos aseguramos de poner folletos en las puertas de las zonas más ricas de la ciudad, ya que pensamos que podrían tener cierta influencia en el ayuntamiento. Poco después de empezar a repartir folletos, supimos que el alcalde y el secretario municipal estaban inundados de llamadas. El alcalde rogó a Kay que suspendiera la operación, pero ella dijo que no era su idea y que no tenía control sobre las 15 personas que repartían folletos. Llamé a la alcaldesa sin identificarme para ver qué decía al respecto y me dijo que sólo se trataba de unos "alborotadores" que repartían panfletos y que el ayuntamiento no tenía intención de seguir las recomendaciones del comité. Sabíamos que esto no era cierto, ya que el administrador municipal había encargado planes de trabajo y solicitado subvenciones. En una de las peores maniobras imaginables, la ciudad había intentado tomarnos el pelo tratando de deslizar un lenguaje en el plan general que decía que la ciudad "adoptará un plan que requiera" las recomendaciones.

Kay vio esto en la agenda de la Comisión de Planificación y corrió a la reunión. Le dijo a la Comisión de Planificación que demandaríamos a la ciudad si se incluía en el Plan General. Como estábamos demandando a la ciudad, quizá sabían que íbamos en serio.

La redacción se cambió por "considerar la adopción de un plan".

Hemos publicado todo esto en nuestra página web. La noticia apareció en el periódico y se enviaron muchas cartas al director, entre ellas la nuestra y la del alcalde. El alcalde se indignó porque los folletos parecían oficiales y dijo que habíamos intentado confundir a la gente deliberadamente. El alcalde se indignó porque los folletos parecían oficiales y dijo que habíamos intentado confundir a la gente deliberadamente. Esto no es cierto. De hecho, si la ciudad hubiera anunciado el programa por sí misma, no habríamos tenido que hacerlo. Si las asociaciones de vecinos y la Alianza Vecinal hubieran sido verdaderos grupos ciudadanos, no habríamos tenido que hacerlo. Cada vez que aparecía en el periódico una carta en la que se criticaba el plan de la ciudad, me ponía en contacto con los autores de la carta y los invitaba a nuestras reuniones. Todas estas cartas se publicaron en nuestro sitio web. Todavía están ahí - busque en Santa Rosa Neighborhood Coalition punto com, bajo Green Building. La "historia" era que el programa crearía muchos empleos verdes y revitalizaría la economía. Pero el premio gordo se lo lleva el programa de préstamos de energía verde.

Patrocinado por el ICLEI, este plan de préstamos para la energía verde debe ser uno de los mayores despilfarros jamás creados. Llamada Energía Limpia Evaluada por la Propiedad (PACE), es una forma de hacer realidad el sueño verde.

Supongamos que tienes una casa y quieres instalar en ella paneles solares. El coste se estima entre 20.000 y 40.000 dólares. No tienes el dinero y no puedes conseguir una línea de crédito hipotecario porque ya tienes problemas para pagar tu hipoteca. Pero el condado, al ser miembro de ICLEI y estar comprometido con la reducción de los gases de efecto invernadero, le permitirá obtener un préstamo de hasta el 100% del valor de su vivienda. Puede devolver este préstamo aumentando sus impuestos sobre la propiedad durante un periodo de veinte años. No importa si tienes mal crédito o no puedes permitirte comprar esos paneles solares, porque el préstamo está garantizado por los impuestos de la propiedad y la casa. O los pagas tú, o los pagará la persona a la que vendas la casa después. Suena bien, ¿verdad? Pues bien, el mayor problema inmediato es que si tu casa es embargada por el banco por impago de tu hipoteca, cuando se vende la propiedad, lo primero que hay que pagar es el impuesto del condado. Sí, esencialmente has puesto tu segunda hipoteca frente al banco en primer lugar. Al llamarlo "valoración de la propiedad" en lugar de préstamo, la PACE pensó que podía engañar a los prestamistas. Puede que pienses: "¿Qué me importa si el banco no cobra?". Te importaría, verdad, porque el banco no está dispuesto a asumir más riesgos de que sus préstamos no sean devueltos. Por ello, la Agencia Federal de Financiación de la Vivienda (Fannie Mae y Freddie Mac) ha propuesto reducir en un diez por ciento el importe potencial de los préstamos para CADA propiedad en el condado. Increíble, ¿verdad? Esto significa que si normalmente pondría un 20% de entrada y obtendría una hipoteca por el 80% del valor de la propiedad, después del programa PACE, aunque no haya tenido nada que ver, sólo podrá obtener un préstamo del 70%. Esto significa que tendrá que poner un 10% adicional de pago inicial en cualquier casa que desee comprar en todo el condado. Si sólo quieres refinanciar tu casa, la FHFA (que tiene el 85% de todos los préstamos hipotecarios) te exigirá que pagues la tasación PACE antes de concederte la refinanciación. ¿Todavía estás de acuerdo con eso? No lo creo. ¿Qué efecto tendría esto en el valor de las propiedades? Bajarían al menos un 10%, ¿no?

Hay muchas otras cosas que están mal en este plan, como el hecho de que comprarías paneles solares viejos por más de lo que valen si compras una casa con paneles de hace diez años y te quedan diez años para pagar la "evaluación", el retechado (¿qué pasa si tienes un techo de quince años y paneles de veinte? La Agencia Federal de Financiación de la Vivienda (Fannie Mae y Freddie Mac) ha sido demandada por el condado de Sonoma y el litigio está en curso, pero el condado sigue haciendo préstamos, es decir, evaluaciones. ICLEI ha lanzado una vigorosa campaña (escriba ICLEI y PACE en su buscador) para que el director de la FHFA dimita y para que PACE siga adelante. Se trata de un programa piloto que quieren extender a todo el país.

Te preguntabas de dónde salió el dinero inicial para los "préstamos", me refiero a las cuotas. Bueno, eso es simple. Se facilitan mediante la emisión de bonos de prestamistas privados. ¿Qué es esto? Si tienes algo de dinero para invertir, puedes obtener una gran rentabilidad prestando a otra persona el dinero para instalar paneles solares en su tejado. Con la deuda garantizada por los impuestos sobre la propiedad, es una inversión segura. Esto es lo que informó Environmental Finance dot com el 1 de abril de 2010:

El primer bono PACE fue emitido por Berkeley (California) en enero de 2009, pero 20 estados han aprobado leyes que permiten a sus ciudades y pueblos implantar programas PACE, que son voluntarios para los propietarios.

"Se trata de un cambio de juego fundamental", dijo Alan Strachan, cofundador y socio gerente de Green Energy Loan, una empresa que facilita los bonos PACE, a los asistentes a la Cumbre de Comercio Verde de Wall Street en marzo de 2010.

"Las ciudades no están estructuradas para ser prestamistas, no tienen ni el personal ni el dinero para hacerlo", dijo el Sr.

Strachan. "No podemos esperar a que todas las jurisdicciones locales se organicen. Wall Street podría ayudar a resolver este problema "interviniendo fuerte y agresivamente con fondos acordes con un riesgo muy bajo", dijo Strachan. "Creo que podemos ponerle esteroides a PACE y creo que debemos hacerlo".

El mercado potencial de los bonos PACE -a veces denominados bonos voluntarios de inversión medioambiental- podría superar los 500.000 millones de dólares, pero algunos defensores creen que esta estimación es conservadora y podría llegar a los 5,5 billones.

Como he dicho, hay mucho dinero en la ecología. Además de los grandes financiadores, encontrarás instaladores eléctricos (instaladores solares) y otros sindicatos que financian a los políticos que intentan imponer estos programas. Lisa Maldonado, directora ejecutiva del North Bay Labor Council AFL-CIO, dice en su página de Twitter que es *"una jefa sindical normal y corriente, que trabaja por la revolución, interesada en la guerra de clases y que espera el gran salto adelante".* Sí, no se pueden inventar estas cosas. ¿Se refería al gran salto adelante del presidente Mao? ¿Qué demonios pasa con los sindicatos? Fui un orgulloso miembro del sindicato durante casi treinta años, pero no tenía ni idea de lo que hacían con mis cuotas. ¿Y tú? ¿Pagas cuotas que apoyan a los candidatos? ¿Quién decide quién se queda con tu dinero? ¿Adivina qué? En 2001, en su convención nacional de Chicago, la AFL-CIO aprobó oficialmente una resolución que denunciaba el crecimiento descontrolado e instaba a todos los sindicatos a apoyar el crecimiento inteligente. ¿Por qué? Porque, dijeron, las zonas rurales y suburbanas no apoyan el trabajo sindical tanto como las zonas urbanas.

Otra cosa. Alan Strachan es muy conocido en esta zona porque construyó muchos edificios de uso mixto de Crecimiento Inteligente (también llamado Nuevo Urbanismo) fuera de las rutas habituales en el suroeste de Santa Rosa. No funcionó muy bien.

De hecho, el Sr. Strachan quebró, fue demandado por los inversores de su proyecto y recibió una sentencia de 6,5 millones de dólares. En una acción separada, las personas que realmente eran propietarias de parte del terreno en el que construyó el proyecto también lo demandaron. Los Bonfigli, de 78 y 82 años, alegaron fraude y abuso de ancianos en su demanda, que ganaron en apelación.

El socio de Strachan en el Préstamo de Energía Verde, Dennis Hunter, además de dedicarse a la prospección petrolífera, al transporte de basuras, a la banca, a la promoción inmobiliaria y a ser propietario de un avión Gulf Stream de 15 pasajeros, también había llegado a un acuerdo para intermediar en la Bolsa del Clima del Condado de Sonoma (SCX), donde compraría y vendería créditos de carbono a cambio de una comisión. Al igual que una bolsa, los operadores utilizarían el SCX para fijar el precio de la transacción. Cap and trade. SCX ha firmado un memorando de entendimiento con la Campaña de Protección del Clima (una filial de ICLEI, que diseña planes de reducción de energía para las ciudades y organiza programas escolares para educar a los estudiantes sobre el cambio climático) para coordinar el programa y ser el "verificador de tercera parte". Se trata de un prototipo para otros intercambios climáticos del país. Otro dato curioso es que el recaudador de impuestos/auditor del condado de Sonoma, Rod Dole, ha sido un firme partidario de este programa, y ahora está a punto de jubilarse con la pensión más alta del gobierno del condado... e ir a trabajar con Strachan y Hunter.

La nueva empresa se llama *Ygrene* y se encargará de tramitar los préstamos PACE para renovar los edificios comerciales mediante este programa en Sacramento (la capital de California). Renovación de edificios de oficinas alquilados al gobierno. ¿Quién tiene la concesión de alquitrán y plumas en Sacramento?

Por cierto, Dennis Hunter es el mismo tipo de persona que ha proporcionado espacio de oficina a la Campaña de Protección del Clima del Condado de Sonoma, a la Coalición de Bicicletas del Condado de Sonoma, al Condado de Sonoma Solar y al Instituto Post Carbon. El logotipo del Global Legacy Center de Dennis Hunter es un globo terráqueo en la palma de la mano de un hombre (blanco).

Una cosa interesante sobre el edificio (31 D Street, Santa Rosa, CA) es que era propiedad del socio de Hunter en la empresa de basura. Se trata de un antiguo edificio bancario construido en los años 70 y es lo que los tasadores llaman "funcionalmente obsoleto". Se trata de un gran espacio muerto con una entreplanta y una conejera de techo bajo en el piso superior, sin ascensor, desocupado y no fácilmente adaptable para uso de oficina. Está frente al Ayuntamiento y la ciudad lo compró en 2009 (para "espacio de oficinas") por un millón de dólares sobre el valor estimado, que era alto. Se había vendido por 3,5 millones de dólares en el punto álgido del mercado, y la ciudad pagó 1 millón más. Durante un tiempo, antes de que la ciudad lo comprara, Hunter lo utilizó para su centro. Ahora está vacía y ha trasladado su Global Legacy a otro sitio.

Aquí hay una foto de la lista de inquilinos que todavía está pegada en la puerta:

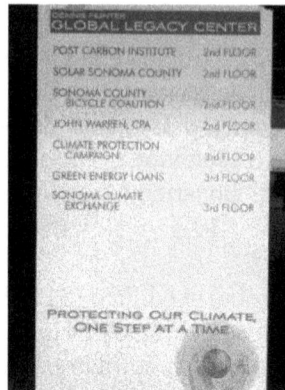

Además de la Bolsa del Clima del Condado de Sonoma, Green Energy Loans, la Coalición de la Bicicleta, la Campaña de Protección del Clima y su contador, este grupo de amigos también incluye al Post Carbon Institute. Este grupo, con sede en Santa Rosa, imprime publicaciones y ofrece ponencias sobre la máscara verde. Dicen que están *"liderando la transición hacia un mundo más resistente, equitativo y sostenible"*. El Post Carbon Institute (¿qué demonios significa eso?) fue entrevistado para un reciente artículo del North Bay Bohemian que desprestigiaba a Kay, a mí y a los que denuncian la Agenda 21.

El periodista también citó a la supervisora Valerie Brown (miembro del Consejo de Administración Nacional de ICLEI-EEUU) diciendo que no conocía ninguna relación entre la Agenda 21 y los derechos de propiedad. Además de ser absurda, esta afirmación es notable porque reconoce la existencia de la Agenda 21 en . Hasta hace poco, los funcionarios gubernamentales afirmaban que la Agenda 21 de la ONU era una fantasía o una teoría de la conspiración.

Ahora está fuera del armario.

Con el título de "Agenda oculta", este artículo publicó mentiras sobre nosotros y acuñó el término "Agenda21'ers" para marginar los problemas.

Pocos hechos, muchos ataques personales. Puede leer el artículo, mi respuesta y ver mi vídeo de la entrevista telefónica con el reportero de Bohemia en la página web de nuestros demócratas, en la sección Vídeo/Artículo de difamación o en YouTube. El Bohemian sí publicó mi carta al director, pero omitió el enlace a YouTube y a nuestro sitio web. Es muy eficaz grabarse a uno mismo siendo entrevistado por una prensa hostil para conservar una copia fiel de la entrevista. Estos artículos nunca mueren, gracias a Internet, por lo que serás atacado repetidamente a lo largo de los años por personas que utilizan estos artículos como "prueba y apoyo" para sus calumnias. Responda con su propia documentación.

Ya hemos visto cómo las coaliciones ciclistas están relacionadas con el crecimiento inteligente y la reurbanización. Recordarás que mencioné que denuncié a Michael Allen ante la Comisión de Prácticas Políticas Justas cuando era candidato a la Asamblea Estatal. Entonces fue elegido (con el apoyo del sindicato). Tras su elección, fue declarado culpable de las acusaciones y multado. La razón por la que lo denuncié fue que tenía un grave conflicto de intereses mientras formaba parte de la comisión de planificación de la ciudad. ¿El conflicto? Tenía un contrato remunerado con la Agencia del Agua del Condado de Sonoma para presionar por un cambio en el Plan General de Santa Rosa para una propiedad suya. Este cambio del plan general se presentó a la comisión de planificación de la ciudad, mientras él estaba en ella, y votó a favor. Nunca mencionó que se le pagara por ejercer presión sobre la ciudad. Sus contratos ascienden a unos 95.000 dólares, y sus facturas muestran que se reunió con funcionarios de la ciudad como representante del condado. Además de ser miembro de la comisión de planificación de la ciudad, también fue director de campo de la senadora Patricia Wiggins. Ya la he mencionado antes: es la fundadora del Grupo Legislativo Estatal de Crecimiento Inteligente. Michael Allen también fue presidente del North Bay Labor Council, que representa principalmente a los sindicatos de electricistas (instaladores de energía solar). Otro de sus trabajos fue fundador de Solar Sonoma County. Reconocerás a Solar Sonoma como uno de los inquilinos del Global Legacy Center. Es una asociación público-privada con miembros sin ánimo de lucro, empresas, trabajadores y gobiernos. Esto es lo que dicen de sí mismos en su sitio web:

> *Solar Sonoma County (SSC) es una organización que apoya las cuestiones políticas relacionadas con la energía solar y la eficiencia energética, educa y forma a los miembros de la comunidad en estas áreas, aboga por una industria en crecimiento y actúa como un centro de intercambio de información sobre energía limpia en el Condado de Sonoma.*

> *El SSC forma parte de un esfuerzo medioambiental y solar sin precedentes en todo el condado que ha llamado la atención del Presidente Obama y del Departamento de Energía, que a menudo miran al condado de Sonoma como modelo nacional de programas avanzados.*

En particular, recomiendan instaladores de paneles solares y calentadores de agua solares.

Bien, quédate conmigo, te llevaré a dar un paseo. Michael Allen trabajó para la senadora Patricia Wiggins mientras su estado mental se deterioraba rápidamente. Se supone que tenía la enfermedad de Alzheimer. Pedí que se sometiera a una prueba de aptitud o dimitiera tras una serie de incidentes públicos (véase nuestro sitio web de la Coalición de Vecinos de Santa Rosa/More/Senador Pat Wiggins) y fui entrevistado en la prensa, la radio y la televisión sobre mis observaciones personales de su comportamiento. El Partido Demócrata no quiso impugnarla porque faltaba más de un año para las elecciones y no querían que sus planes se vieran interrumpidos. El senador *pro-tem*, Darrell Steinberg (autor del SB 375, el proyecto de ley contra la expansión urbana), se negó a sustituirla y la hizo cumplir su mandato desde su casa. Sólo la trajeron para las votaciones cuando la necesitaban y había que enseñarle qué botón apretar para votar. Mis declaraciones a la prensa fueron: "¿Quién está escribiendo la legislación que ella patrocinó? ¿Quién actúa como nuestro senador?

¿Recuerdas que dije que Michael Allen, su director de campo, había sido contratado por la Agencia del Agua del Condado de Sonoma cuando lo denuncié por conflicto de intereses? Soy un prominente evaluador de campo de y estaba realmente desconcertado de por qué la Agencia del Agua dijo que lo habían contratado. Dijeron que querían un cambio de plan general para su sede. Mi experiencia es que no hubo necesidad de presionar para cambiar el uso institucional a residencial cuando el condado desocupó su edificio. Debería haber sido bastante rutinario. Así que seguí investigando. ¿Por qué querría la Agencia del Agua dar dinero a Michael Allen?

Pues bien, un proyecto de ley, patrocinado por la senadora Patricia Wiggins, fue aprobado por el Senado, el SB 730, que habría exigido la instalación de 200.000 calentadores de agua solares en el condado de Sonoma para 2017 (con un coste medio de 8.000 dólares). Se pagaría con las rebajas de las facturas de los contribuyentes. Una especie de impuesto. Sólo eso es una idea increíble, pero ¿adivina quién dirigiría el programa?

Agencia del Agua del Condado de Sonoma. ¿Y quién más se beneficiaría?

¿Recuerdas que mencioné que Michael Allen también representaba a los sindicatos de electricistas? Unos días antes de presentar mi queja formal contra Michael Allen, el proyecto de ley 730 del Senado fue retirado. ¿Entraron en pánico? No sólo denuncié a Michael Allen. También había entregado al director general y al ingeniero jefe de la Agencia del Agua del Condado de Sonoma.

La Comisión de Prácticas Políticas Justas no siguió el caso contra la Agencia del Agua, pero nunca me dijeron por qué. ¿No le parece extraño que sea aceptable pagar para influir en alguien pero no aceptar el dinero? ¿No deberían estar equivocados ambos?

¿Adivina qué pasó justo después de que denunciara a Michael Allen? El Santa Rosa Press Democrat lo puso en el periódico. ¿Pero qué más hicieron? Publicaron un artículo despiadado sobre mí, con mi foto, llamándonos a mí y a mi grupo sombras, e imprimiendo insultos sobre nosotros de los miembros de la Alianza Vecinal. ¿Por qué estábamos "en la sombra"? Porque ninguno de los otros miembros del grupo quería que sus nombres se utilizaran públicamente. ¿Puedes culparlos? Otra cosa que surge en este bastión del norte de California de la diversidad y la aceptación es que estos artículos de ataque siempre mencionan a mi pareja, Kay. ¿Por qué? Quieren que sepas que soy gay, por si te influye negativamente. Nunca mencioné a Kay a ninguno de los dos reporteros principales de los artículos ofensivos, pero la pusieron en los artículos de todos modos. Lo que dicen sobre ella es una mentira sobre su experiencia como presidenta de sala. Estos artículos, como he dicho antes, serán utilizados una y otra vez para "justificar" futuras difamaciones.

¿Qué sentido tiene legislar sobre la retroalimentación energética obligatoria? En Seattle, la ciudad descubrió que la promesa de miles de nuevos puestos de trabajo "verdes" para los trabajadores de climatización y modernización no se cumplió. ¿Cuántos puestos de trabajo se crearon en el primer año del programa? Catorce, la mayoría de los cuales eran administrativos. La ciudad calculó que para utilizar plenamente los 20 millones de dólares de subvenciones federales para la climatización antes de que expiren en 2013, tendría que renovar

200 viviendas al mes (unas 10 viviendas por día de trabajo). Esta sería la única manera de que la ciudad pudiera crear los 2.000 puestos de trabajo que había previsto. ¿Cuántas casas se renovaron en el primer año?

Tres. Sin duda sería más fácil si las actualizaciones fueran OBLIGATORIAS, ¿no?

¿Se está aclarando esto?

Después de que siete mil volantes agitaran a los ciudadanos, la ciudad abandonó el plan, pero nunca tomó una decisión oficial. El ayuntamiento dijo que teníamos "miedo al cambio". Es un insulto común: tenemos miedo, y por eso nos oponemos a la violación de nuestros derechos.

Juegan la carta de la vergüenza y el bochorno. La retórica nunca se detiene. Sin embargo, el clamor fue suficiente para que el programa de ecologización obligatoria muriera, por ahora.

Cuando la ideología choca con la realidad

Desgraciadamente, el bulevar ciclista de la calle Humboldt está vivo. ¿Estás cansado? Por supuesto que sí. Sentíamos que siempre estábamos luchando contra algo y eso nos agotaba. En la sección "¿Qué puedo hacer?", al final del libro, te daré algunos consejos para evitarlo.

Verás que los bulevares para bicicletas, las medidas de pacificación del tráfico y las dietas de carretera aparecen por todos los Estados Unidos como parte de los planes de Calles Completas. Después de ver cómo se retiraban las señales de stop y se instalaban círculos temporales en medio de las intersecciones, decidí dejar de ir en bicicleta. Era demasiado peligroso. Este plan para completar las calles haciéndolas supuestamente seguras para los ciclistas era mucho más peligroso que dejarlas como estaban. Además de instalar confusas rotondas, el plan incluía la supresión de los pasos de peatones y el estrechamiento de las calles en las esquinas mediante la instalación de barreras desde la acera. Los ciclistas, que de todos modos rara vez se detenían ante las señales de stop, ahora podían cruzar las intersecciones sin problemas. Los peatones no podían cruzar con seguridad en las esquinas porque los círculos en medio de las intersecciones empujaban a los coches hacia los pasos de peatones. La ciudad ha lijado los pasos de peatones. Ahora los peatones deben cruzar por la mitad de la cuadra. Qué lío. Se ha eliminado la línea central de la calle. La idea era que todos "compartieran" la calle por igual. Se ha convertido en una carrera de obstáculos realmente aterradora.

Habíamos hecho nuestra propia encuesta contando el número de ciclistas en la calle durante varios días y estaba claro que no era necesario. La coalición ciclista organizó un gran número de ciclistas para recorrer la calle, ya que apenas era utilizada por las bicicletas y las estadísticas de la ciudad lo reflejaban. La Asociación de Vecinos del Junior College hizo un llamamiento a los 1.000 miembros de la Coalición de Ciclistas del Condado de Sonoma para que vinieran a recorrer nuestro bulevar para bicicletas.

Cuando las cosas empezaron a calentarse, se instalaron dos vallas publicitarias en el barrio, pagadas con fondos de la Junta Consultiva de la Comunidad. Estas vallas publicitarias de estaban controladas por la JCNA y estaban cerradas. Hubo propaganda a favor del bulevar para bicicletas y de la Cumbre de Vecinos. Pedimos que se pusiera nuestro propio cartel, pero se negaron y dijeron que no se podía poner información política en las vallas. El mero hecho de que existiéramos era "político".

En cierto modo, su propaganda no era política, aunque tratara del mismo tema. Colocamos nuestros folletos en la parte trasera de los carteles que habíamos pagado con nuestros impuestos pero que no podíamos utilizar. Hemos hecho algunos vídeos en YouTube de las señales - ve a YouTube y escribe Humboldt Street Bike Boulevard Fight en la línea de búsqueda. También te sugiero que consultes nuestra página web: Santa Rosa Neighborhood Coalition bajo Humboldt Street Bike Boulevard.

Bueno, se convirtió en una guerra. No estoy bromeando sobre eso. Vecino contra vecino. Los defensores de la pacificación del tráfico y los ciclistas mostraron una gran cantidad de fanatismo. Basta con señalar razonablemente que el restablecimiento de las señales de stop y de una línea central en la calle sería más seguro para que aúllen. Querían ser conocidos como una ciudad con un bulevar para bicicletas y si se volvían a poner las señales de stop, no importaba. Querían desviadores, es decir, barreras que convirtieran la calle en un callejón sin salida para los coches. Eso fue realmente impopular. Gary Wysocky, el antiguo presidente de la Coalición por la Bicicleta, que era entonces teniente de alcalde y presionó mucho por lo que algunos llamaron su "Bully-Vard", se dirigió en persona a algunas personas de nuestro grupo y les dijo que no éramos de fiar y que debían evitarnos.

Grupos anónimos de hombres en spandex, cascos y gafas de sol gritaban a la gente en los coches y arrancaban nuestros folletos de los postes telefónicos. Teníamos folletos amarillos brillantes que decían "Restaurar la calle Humboldt" y estaban cubiertos de pegatinas "I (heart) Humboldt Bike Boulevard". Kay cogió una gran escalera y recorrió la calle mostrando nuestros folletos a tres metros del suelo.

Alguien publicó unos divertidos pero escandalosos folletos que decían que *los talibanes de la bicicleta estaban allí*. Se nos acusó de publicarlos, pero no tuvimos nada que ver con ello. Hice un video de los volantes en los postes telefónicos y está en YouTube (Humboldt Bike Blvd. Fight).

Nos encontramos con otra persona a última hora de la noche cuando estábamos colocando folletos. Sus folletos decían "Yo (corazón al revés) Bulevar Humboldt". Era evidente que mucha gente estaba descontenta. Un grupo de vecinos discapacitados estaba enfadado porque las bajadas de bordillo estaban ahora en el lugar equivocado: no podían cruzar en las esquinas y se sentían vulnerables. Esto nos dio una idea. Presentamos una queja formal ante la Administración Federal de Carreteras porque la calle no cumplía la Ley de Estadounidenses con Discapacidades. La ciudad acababa de verse obligada a realizar mejoras por valor de 2 millones de dólares en edificios municipales que no cumplían la normativa ADA. Tal vez nuestra queja impida que este peligroso rediseño de la calle sea permanente.

Se suponía que iba a ser una prueba de seis meses, pero todavía estaba en vigor 18 meses después cuando, tras una docena de reuniones en Delphi, cartas al editor, presentaciones a los miembros del consejo municipal y reuniones vecinales, nos reunimos para el enfrentamiento final en la cámara del consejo municipal. Habíamos patrocinado una petición para restaurar la calle, y tenía casi 700 firmas locales. Queríamos esos círculos fuera de la calle y que volvieran las señales de stop. Muchos, muchos casi accidentes sacaron lo mejor de nosotros. El empleado municipal era incompetente y, al parecer, tergiversó las estadísticas sobre el número de coches y bicicletas en la calle. Los bomberos y la policía han refunfuñado sobre los círculos, pero están de acuerdo. El servicio de ambulancias no había sido consultado. Los padres y la administración de la escuela primaria estaban en contra. En la reunión del consejo, que duró toda la tarde, se formaron colas. Fui allí y dije: "Esto es lo que pasa cuando la ideología choca con la realidad".

Creemos que nuestro informe sobre la cuestión de la ADA, combinado con la publicación de la información de que el proyecto terminado debía costar otros OCHOCIENTOS MIL DÓLARES y ya había costado casi 200.000 dólares, detuvo el proyecto. Mientras nos peleábamos, era época de elecciones. La oposición lo utilizó como tema de campaña, aplastó la mayoría de la coalición ciclista en el consejo y ganó. El nuevo consejo se comprometió a eliminar los círculos y volver a colocar algunas señales de stop. No hay desviadores. Sin embargo, la nueva mayoría del consejo también apoya la reurbanización, y se negó a revocar la decisión del consejo anterior de eliminar la emisión de los comentarios del público en las reuniones del consejo en la televisión comunitaria. Aunque recuperamos nuestra calle, fue a costa de la paz en el barrio y ha agotado efectivamente a los miembros de nuestra coalición tras 18 meses de lucha.

Una mirada detrás del espejo

La razón por la que te he contado todo esto es porque así es como se destrozan las comunidades. En el mundo de Alicia en el País de las Maravillas de la Agenda 21 de la ONU, las cosas son lo contrario de lo que se supone que son. Por ejemplo, aunque se supone que el nuevo consenso solicita la participación de las "partes interesadas", lo cierto es lo contrario. De hecho, la *apariencia de* participación es todo lo que se necesita. Estará allí, y se le pedirá su opinión, pero sólo sobre los temas que el Delphi decida abordar. Sus objeciones serán ignoradas y el resultado será el previsto cuando la ciudad le informó de que tenía un plan. Para que esto no ocurra, tendrás que hacer un esfuerzo importante, y hacerlo con cuidado, ya que de lo contrario serás visto como "desagradable", ya sabemos lo malo que es eso. El verdadero objetivo es dejarte de lado y callarte. Al final del libro, en la sección "¿Qué puedo hacer?", descubrirás cómo anticipar una reunión.

Una de las grandes mentiras de la Agenda 21/desarrollo sostenible de la ONU es que "construye comunidades fuertes". Lo hace, pero no de la manera que uno esperaría. Es una democracia gestionada y un consenso fabricado. El concepto de "barrio fuerte" se originó en Seattle, donde el departamento de barrios estaba dirigido por Jim Diers.

Vino a nuestra ciudad el verano pasado para hablar en la primera *Cumbre de Vecinos* sobre cómo crear asociaciones de vecinos. Va a ir a comunidades de todo Estados Unidos para enseñarles a crear "barrios fuertes" utilizando este modelo. El Plan Estratégico de Ciudades Sostenibles es un proyecto de la Agenda 21 de la ONU. Si se mira el documento de la Agenda 21 de la ONU, se verá que el "desarrollo de capacidades" para crear barrios fuertes forma parte de él.

La idea es que los barrios necesitan una "voz", ese es el "problema".

¿La "solución"? Al igual que en Seattle, la ciudad les ayudará a hacerse oír mediante la creación de otro departamento gubernamental y la contratación de facilitadores privados para dirigir las asociaciones de vecinos. Sí, es cierto.

No hay vecinos desordenados dirigiendo la asociación de vecinos.

Los Delphi financiados por los contribuyentes cuidan de ti. Esto se debe supuestamente a que las voces de algunas personas de no se escuchan cuando son personalidades más fuertes las que dirigen las cosas, por lo que el barrio tiene una vía directa hacia la ciudad, y viceversa. Ahora bien, no crean que la toma de posesión de nuestra asociación de vecinos fue algo natural y orgánico. No lo era. Era una asociación de vecinos fabricada, con actores de Crecimiento Inteligente. Su control les permite elegir a los ganadores y a los perdedores utilizando medios no gubernamentales. De este modo, pueden cambiar la ciudad sin rendir cuentas y liderar el cambio sin reconocer que está ocurriendo.

Jim Diers trabaja ahora en el Asset Based Community Development Institute de la Northwestern University de Chicago.

Tienen un profesorado bastante amplio. ¿Adivina quién es uno de ellos? Michelle Obama. Sí, ella y Barack han recibido formación en desarrollo comunitario basado en activos.

Esto es lo que tenía que decir sobre el desarrollo comunitario basado en activos en el sitio web de la Coalición de Vecinos de Santa Rosa:

> *"El verano pasado se celebró una cumbre vecinal aquí en Santa Rosa. La dirigió Tanya Narath, directora de una organización no gubernamental (ONG) privada llamada Leadership Institute of Ecology and the Economy (LIEE), que se ha asociado con la ciudad (su objetivo declarado es "educar a los líderes para crear políticas públicas"). LIEE es el grupo de origen de los concejales "verdes", una incubadora de políticas, y propugna las virtudes del crecimiento inteligente, la zonificación basada en la forma, la visión, la reurbanización, el desarrollo orientado al tránsito, el desarrollo de alta densidad, la Agenda 21 de la ONU, etc. Tanya Narath es también la presidenta del Consejo Consultivo de la Ciudad. La Junta Consultiva Comunitaria decide quién recibe qué dinero cuando los barrios solicitan "subvenciones" a la ciudad. Esto apesta un poco.*
>
> *El verano pasado, en la Cumbre de Vecinos de Santa Rosa, Tanya Narath contrató a Jim Diers, de Asset Based Community Development, para que viniera a dar un seminario (en la cámara del ayuntamiento) sobre la creación de asociaciones de vecinos. "*

¿Qué es una cumbre de vecinos patrocinada por una ciudad o una ONG? Se trata de un grupo selecto de "líderes vecinales" que han recibido formación en desarrollo comunitario basado en activos y en la técnica Delphi. ¿Su objetivo? Crear asociaciones de vecinos gestionadas y manipuladas por facilitadores que han aprendido la "búsqueda de consenso" y la utilizan para hacer avanzar los planes de la ciudad. Lo llaman "fortalecer Santa Rosa" y "equilibrar los derechos del individuo con las necesidades de la comunidad". Esto es comunitarismo. Te están manipulando para que pienses que tus ideas están dando forma a lo que la ciudad está creando, pero en realidad no eres más que una figura decorativa. ¿Qué quieren hacer? Además de sacarte del coche e intentar que pongas costosos paneles solares en tu tejado, promueven el desarrollo comunitario basado en activos (ABCD).

Bien, ¿qué es? ¿Y por qué debería importarte? Tus habilidades, esperanzas, sueños, planes, talentos, viabilidad financiera y condición física se registran en un cuestionario de once páginas que llaman "inventario de capacidades". Hacen un inventario de ti.

El proceso de mapeo de activos comunitarios es vital para el ABCD. ¿Qué es? Cartografía: situarle en un mapa físico con el enlace a su cuestionario. Activo: Tú eres el activo. El "mapeo de activos comunitarios" es una forma de controlar y gestionar a un grupo de personas y pedirles que utilicen sus habilidades de una forma predeterminada en "beneficio" de la comunidad. ¿Quién decide lo que beneficia a la comunidad? Los "líderes" elegidos a dedo. Al trazar el mapa de una comunidad, ¿determinan estos grupos quién tiene algo que ofrecer a la comunidad y quién no? ¿Se ha dado cuenta de que se espera, y a veces se exige, que los estudiantes realicen "servicios comunitarios"? A los pequeños delincuentes y a los infractores de la ley se les suele exigir que realicen "servicios comunitarios". ¿Es un trabajo voluntario?

¿Qué ocurre con los que no contribuyen al colectivo? ¿Cómo se les puede animar a contribuir?

¿Quién recibirá sus servicios a cambio de nada? Favorece a las organizaciones sin ánimo de lucro orientadas al equipo y a la agenda. Son los grupos que promueven el crecimiento inteligente, el nuevo urbanismo, el gobierno por comités no elegidos y las falsas asociaciones de vecinos.

¿Se ha dado cuenta de que las palabras Vibrante y Caminable se han añadido a todas las actividades de la ciudad? Esto se debe al movimiento SMART GROWTH. El Instituto de Liderazgo para la Ecología y la Economía (nótese que estos son dos de los tres círculos entrelazados de la Agenda 21 de la ONU), un grupo local privado sin ánimo de lucro que apoya este movimiento, utiliza técnicas para averiguar todo lo posible sobre ti para que te ofrezcas como voluntario. Lo llaman VOLUNTARIADO OBLIGATORIO. Si te parece gracioso ahora, no lo será cuando terminen.

Otra cosa que hay que tener en cuenta es que Portland y Seattle siempre se ponen como modelo para Santa Rosa. No importa que cada una de estas ciudades tenga más de 600.000 habitantes, y que Santa Rosa tenga unos 170.000.

Se supone que debemos utilizarlos como modelo. ¿En qué sentido? Bicicletas y energía, y ahora WILL.

Todo esto puede parecer irrelevante y quizás incluso un gran "y qué". Pero si lo pones todo en el contexto de la Agenda 21 de la ONU y el desarrollo sostenible, verás que el objetivo final es saber todo sobre ti y utilizar esta información para manipularte y manejarte. Mediante el uso de técnicas de mapeo del Sistema de Información Global (SIG), se utilizará a los voluntarios (grupos de la iglesia, asociaciones de vecinos, coaliciones ciclistas) para mapear, proporcionar sus habilidades a la "comunidad" e imponer el VOLUNTARIADO OBLIGATORIO a las organizaciones favorecidas por la presión social. "

Muy interesante, ¿no? Puede ver este cuestionario en la página web de Demócratas contra la Agenda 21 de la ONU. Véase la entrada del blog del 17 de diciembre de 2010 (The Way We See It) titulada "Cómo saber si eres un buen alemán". Lo llamé así porque en la Alemania nazi al ciudadano medio le gustaba el nazismo o "le seguía la corriente".

Incluso había un "líder de barrio" local en la parte inferior de la jerarquía nazi que se suponía que debía asegurarse de que hicieras exactamente eso. Era responsable de unas 50 casas de su barrio y su trabajo consistía en difundir la propaganda y conseguir el apoyo de los nazis. También era un espía, y cualquiera que hablara en contra del Estado era denunciado a la Gestapo. Esto permitió a los nazis mantener el control de todo el mundo: todos tenían un "expediente". Hoy en día, en el lenguaje común, un buen alemán es aquel que "sale a flote". La nacionalidad no importa. Cualquiera puede ser un "buen alemán".

La junta de vecinos culpó a Kay, cuando lucharon para que dejara la presidencia, de oponerse a la ciudad, ya que la estaban demandando. Era nuevo para nosotros que todos debíamos llevarnos bien con la ciudad para llevarnos bien, pero ese es el nuevo consenso. Desde su punto de vista, cualquiera que se oponga a la Agenda 21 de la ONU es un personaje desagradable. Si no quieres conformarte con el resultado preaprobado y predeterminado, eres un alborotador que no debería representar a tu barrio. Parece que el verdadero objetivo es desmantelar y reconstruir los barrios, tanto física como emocionalmente. Para romper las lealtades, identificar a los disidentes y fomentar el gobierno de los muchos. La ingeniería social es poderosa y tiene un gran impacto. Al igual que los "viejos gruñones" que se opusieron al bulevar para bicicletas, muchos de los que se oponen a estos métodos deben afrontar el etiquetado, el rechazo y la agresión directa para ser escuchados.

El final de la línea

El Tribunal de Apelación de San Francisco nos dio una oportunidad a mediados de 2009 y estaba claro que habíamos perdido. Aunque nuestro abogado argumentó el caso y teníamos los hechos de nuestro lado, no fue suficiente. Cuando una de las juezas hizo una pregunta sobre los valores de tasación, pude ver que, o bien no entendía los problemas de deterioro, o bien estaba deliberadamente predispuesta a favor de la ciudad. Nuestro caso era inusual y requería conocimientos especializados, pero pensé que se los habíamos proporcionado a los jueces. Se acabó. Puede que hayamos perdido el caso, pero a la ciudad se le ha impedido aplicar sus planes durante tres años. Durante esos tres años, de 2006 a 2009, el valor de las propiedades y la actividad económica sufrieron la mayor caída desde la Gran Depresión de 1929-39. Gracias a nuestra acción legal, el potencial de las viviendas con fines de lucro y de los proyectos de uso mixto financiados por la reurbanización desapareció hace tiempo. Fuimos testigos de la quiebra de muchos de los grandes hombres de dinero de la ciudad. Si hubieran iniciado los proyectos de reurbanización en 2006, es probable que los proyectos hubieran fracasado por falta de fondos. La ciudad había utilizado la reciente votación (en los condados de Sonoma y Marin) para un aumento del impuesto sobre las ventas para el tren de alta velocidad para justificar la revisión del plan general para el desarrollo residencial de alta densidad dentro de ½ milla de las estaciones inexistentes. Ahora, en 2011, parece que el aumento del cuarto de céntimo del impuesto sobre las ventas no será suficiente para cubrir el coste de los trenes (cubre los salarios del personal y las pensiones), y pasarán muchos años antes de que el tren esté totalmente en marcha.

Así que perdimos, pero la economía impidió que se metieran con nuestros impuestos sobre la propiedad. Todavía tienen el poder de desalojo durante siete años y el área del proyecto de reurbanización de Gateways no expirará hasta 2036, si es que lo hace. Ninguna zona de proyecto de reurbanización en el estado de California ha caducado nunca: siempre se prorrogan. Sólo hace falta un voto del consejo que diga "Todavía hay problemas". La supuesta degradación sigue y sigue. Y se está extendiendo: En 2010, el poderoso lobby de la reurbanización de California trató de redefinir el concepto de insalubridad para incluir los barrios con las tasas más altas de diabetes, obesidad y enfermedades pulmonares. En apoyó un proyecto de ley en este sentido en la Asamblea. Esto forma parte del elemento de equidad social de la Agenda 21 de la ONU. El proyecto de ley 2531 de la Asamblea fue vetado por el gobernador Arnold Schwarzenegger, pero es un ejemplo de la presión para mantener esta vaca lechera.

Recuerde que el dinero que se desvía a la Agencia de Reurbanización y a los corredores de bonos se toma del fondo general de su ciudad y de los departamentos del condado. No caiga en la trampa del lobby de la reurbanización. Es bueno que el gobernador de California, Jerry Brown, haya detenido la reurbanización, pero como las ciudades pueden seguir haciéndolo si deciden devolver al Estado parte del dinero de los impuestos desviados por la reurbanización, el juego continúa. Detengan los distritos de reurbanización y financiación de infraestructuras y destruirán una importante herramienta de la Agenda 21 de la ONU.

Mientras preparábamos los boletines para informar a nuestro personal y a otros ciudadanos de que habíamos perdido el caso, reconocí que habíamos hecho lo correcto al luchar. La deshonestidad y el engaño inherentes a la gestión y creación de proyectos de reurbanización fueron sistémicos.

En el contexto de la Agenda 21 de la ONU - Desarrollo Sostenible, se me abrieron los ojos a la vasta alianza de grupos ecologistas, políticos, burócratas, planificadores, arquitectos, abogados, corredores de bonos, banqueros, aduladores de poca monta, promotores, sindicatos y grupos empresariales hambrientos de poder y dinero que eran realmente los idiotas útiles de este plan. Pude ver lo fácil que era destruir nuestro país utilizando el señuelo del dinero y el poder tras la apariencia del bien. Al construir la infraestructura para almacenar a los seres humanos, los ingenieros de la Agenda 21 de la ONU sentaron las bases para el futuro. Constrúyelo y vendremos. El relleno y el crecimiento inteligente, los códigos basados en la forma y los códigos inteligentes, el tren SMART y los contadores inteligentes, las aldeas de tránsito, las comunidades de un solo planeta y las ciudades sostenibles forman parte de la máscara verde para salvar el planeta. Pero no se trata sólo de construir un paisaje duro. Se trata de construir una ideología de regionalización, regulación y vigilancia para el "bien mayor".

Cuando se quita la máscara, descubrimos un control totalitario con restricciones de movimiento, de expresión, de propiedad y de producción.

Conserve su tarjeta de "salida de la cárcel".

Puede que lo necesites. Las prisiones son una de las industrias de más rápido crecimiento en Estados Unidos. Son el colmo de la colaboración público-privada. Según las estadísticas del censo de Estados Unidos, aproximadamente uno de cada 130 estadounidenses está en prisión, y uno de cada 32 (unos siete millones) está bajo supervisión penitenciaria. La Corrections Corporation of America, junto con otras empresas penitenciarias privadas como GEO (antes Wackenhut), es miembro de un poderoso grupo de presión llamado American Legislative Exchange Council. Con más de 2.000 legisladores estatales y cerca de 250 empresas y fundaciones privadas como miembros, este consejo aparentemente inocuo es un formidable agente de poder en las capitales estatales de todo el país. El encarcelamiento es un gran negocio. ¿Qué necesitan las prisiones? Presos. ¿Cómo se consiguen más presos? Creando más delitos de acción, y presionando para que las sentencias sean más largas. El American Legislative Exchange Council presionó a favor de la ley de los tres strikes (cadena perpetua por el tercer delito violento) que se ha aprobado en once estados. Se aplica mal a los delitos no violentos.

La deportación es un gran negocio para las prisiones privadas. Es habitual que los trabajadores indocumentados o extranjeros ilegales pasen hasta seis meses en prisión antes de ser deportados. Son seis meses de pagos del gobierno a los operadores de prisiones privadas. Piensa en ello. Tenemos fronteras porosas y un programa de captura y liberación con una pequeña estancia en un hotel de hormigón en el medio. Bienestar corporativo con formación en el trabajo para futuros delincuentes. Las prisiones superpobladas crean una demanda de nuevas instalaciones. Además, la población penitenciaria aumenta el número total de personas contabilizadas para los cálculos de redistribución de distritos y representación legislativa. Cuantos más presos haya, más representación recibirá el distrito, aunque esos presos no puedan votar.

¿Equidad social? ¿O el triple resultado público-privado? Planeta, personas, beneficios.

La máscara inteligente

Contadores inteligentes. Tren inteligente. Códigos inteligentes. Energía inteligente. Crecimiento inteligente. Mapa inteligente. Red inteligente. Hogar inteligente. Patio inteligente. ¿Suficientemente inteligente para ver a través? Escasez y control de los recursos.

Desviar dinero de organizaciones sin ánimo de lucro u ONG con juntas directivas elegidas. Nunca confíes en algo llamado SMART.

Ministerio de la Verdad

Si eres como yo, utilizas la Wikipedia, así como muchas otras fuentes, y la encuentras útil para responder a muchas preguntas sobre hechos. Es la "enciclopedia del pueblo". Hasta que se decida a actualizar la Agenda 21, el comunitarismo, el desarrollo sostenible o el desarrollo comunitario basado en activos. Entonces te encontrarás con que te censuran y tienes que llamar a las puertas. Tuve éxito con algunas de estas listas, durante un tiempo, pero los guardianes descubrieron mis adiciones y las censuraron. Dijeron que era un teórico de la conspiración y que si seguía publicando, no podría editar o publicar en Wikipedia en el futuro.

Nuestro futuro espartano: el neofeudalismo

Quiero hablar de cómo hemos sido bombeados y arrojados como nación (la UE también lo ha experimentado) y se nos ha colocado para el fracaso. No voy a entrar en la manipulación de la Reserva Federal y de las instituciones bancarias mediante la creación de dinero fiduciario. El libro de G. Edward Griffin, *La criatura de la isla Jekyll*, es un excelente recurso para ello.

Estamos experimentando un colapso técnico devastador en nuestro sistema económico. ¿Intercambios de crédito? ¡No me hagas empezar!

En una interesante entrevista en el programa Fresh Air de la National Public Radio, la columnista financiera del NY Times Gretchen Morgenson habló de un libro que ha escrito sobre "el apocalipsis financiero", como ella lo llama. Lo que es particularmente notable de esta entrevista es que, aunque no menciona la Agenda 21 de la ONU y probablemente no tiene idea de que existe, sí menciona muchos elementos aparentemente anómalos del colapso y el rescate. Dice que era casi como si los reguladores no protegieran deliberadamente a los prestatarios y permitieran a los bancos y a la Asociación Federal de Hipotecas Nacionales (FNMA) crear una situación en la que fracasaran. De hecho, los legisladores fueron comprados por la FNMA.

Por supuesto, esto forma parte de la plataforma de la Agenda 21, que pretende equiparar la riqueza de los estadounidenses al nivel del mundo en desarrollo. En el mundo detrás de la máscara verde, hacer que la propiedad de la vivienda sea asequible para todos en los EE.UU. significaba llevarlos a la quiebra para que perdieran sus casas. Utilizando la táctica de decir una cosa pero hacer la contraria, la asociación público-privada de la Federal National Mortgage Association (FNMA) ha hecho una fortuna desplumando a pequeños prestatarios, inversores y patrocinadores gubernamentales. Sí, la FNMA es lo que se conoce como una empresa patrocinada por el gobierno, lo que significa que recibe un trato preferencial, requisitos de reserva reducidos, etc., y garantías financieras del gobierno a cambio de hacer que la propiedad de la vivienda sea más asequible para los estadounidenses. En 1999, la administración Clinton pidió a la FNMA que suavizara las condiciones de crédito para los prestatarios de bajos ingresos que no podían obtener préstamos convencionales. Este preparó el camino para el mercado de las hipotecas de alto riesgo. Para más detalles, puede leer el artículo del New York Times del 30 de septiembre de 1999 titulado *Fannie Mae Eases Credit to Aid Mortgage Lending*.

La FNMA era una empresa que cotizaba en bolsa y que entró en régimen de tutela (control gubernamental) en 2008, tras una burda especulación con derivados y la compra de hipotecas de alto riesgo a Countrywide Financial.

Gretchen Morgenson dijo algo muy importante en esta entrevista.

Dijo que era una situación en la que no se podía oponer a la idea. Que nadie estaba en contra de aumentar la propiedad de la vivienda. Era como discutir contra la tarta de manzana. La idea era buena, dijo, pero la ejecución fue desastrosa. Esta es una firma de la Agenda 21 de la ONU. ¿Cómo se puede estar en contra del aire limpio, el transporte público, la vivienda asequible y la protección de la belleza del entorno natural? La idea es buena, pero la ejecución -POR DISEÑO- es desastrosa. Ese es el problema. La idea es la capa de caramelo, la ejecución ES el resultado deseado. Como escribió Joseph Conrad en *El corazón de las tinieblas*: el horror.

Ya deben saber que todas las crisis que hemos vivido (mercado de valores, colapso de la vivienda, aumento de los precios de la energía) fueron diseñadas de acuerdo con la Agenda 21 de la ONU. Gretchen Morgenson lo achaca a la "codicia", pero es mucho más que eso. La codicia se utilizó como palanca para atraer a estos ladrones de alto nivel a una posición que permitiera el colapso de los mercados. Mientras los bancos tuvieran asegurado el rescate, los directores generales se enriquecieran y los reguladores hicieran la vista gorda, la Agenda 21 de la ONU podría aplicarse. Otra forma de verlo es decir que todo lo que ocurrió fue intencionado por su gobierno. Las burbujas infladas que se permitieron y crearon por la falta de supervisión gubernamental señalan a su gobierno como la fuente. ¿Cuáles son las consecuencias? Ninguna. Enormes rescates, sin cárcel, sin confiscación de bienes personales.

Fue el naufragio de nuestro país, la devaluación de nuestra tierra, la caída de nuestra economía y la vulnerabilidad sistémica que reconocemos como el antídoto de la "insostenible riqueza americana". Ahora estamos listos para el crecimiento inteligente (pisos apilados a lo largo de los corredores de tránsito), el transporte público (pérdida de movilidad individual debido a los altos costos), el espionaje doméstico (programas policiales orientados a la comunidad), el desempleo profundo (disposición a hacer lo que sea necesario para alimentarnos) y la pérdida de nuestras libertades básicas.

Porque en el comunitarismo se crea el "problema", la "solución" es el resultado que nunca habrías aceptado sin la urgencia del problema. Así que el "problema" es: no hay suficientes viviendas en propiedad para personas con bajos ingresos. La "solución" es atrapar a un montón de gente que no cumple los requisitos para obtener un préstamo y llevarlos a la quiebra. Yo mismo obtuve tres préstamos hipotecarios en el periodo 2003-2005 y mi agente hipotecario me presionó para que tomara préstamos a tipo variable. Le pregunté si venían con un manual de quiebra y cogí el tipo fijo. Pero eso era porque tenía experiencia, incluso él ha perdido ahora su casa por una ejecución hipotecaria.

¿El resultado real de esta dialéctica? La crisis inmobiliaria (desplazamiento de la propiedad privada) y el colapso del sistema financiero. Excepto que el sistema financiero no se colapsó, ¿verdad? No. Fue rescatada y los jugadores más pequeños fueron absorbidos por sus rivales más grandes. Consolidación de la riqueza y el poder. Y lo pagas con un desempleo de dos dígitos y una incertidumbre total en el mercado a largo plazo. Los pobres se han convertido en indigentes, la clase media se está evaporando y los ricos están de fiesta en la luna. ¿Te preguntas a dónde ha ido a parar el dinero? Eche un vistazo a algunos de los fabulosos edificios que se han construido en Dubai. El famoso rascacielos giratorio es un buen ejemplo. He oído que George Bush tiene un piso allí.

En serio. La propiedad privada estará reservada a los súper ricos.

Hoy en día, nuestras ciudades tienen suburbios distantes con muchos edificios vacíos que no contribuyen a la base impositiva. ¿Recuerda que uno de los objetivos de la Agenda 21 de la ONU es "reducir la expansión urbana"? He aquí algo de lo que quizá no haya oído hablar todavía: un programa federal propuesto de 1 billón de dólares para permitir a los gobiernos locales comprar a los bancos propiedades residenciales, comerciales e industriales vacías y demolerlas. ¿Por qué?

Crear más espacios verdes en las ciudades. El objetivo es transformar los "redfields" (propiedades vacías de los bancos en "rojo") en "greenfields" (parques y espacios abiertos).

En este mundo de fantasía en el que se crea más y más dinero federal de la nada, la propiedad privada de bajo rendimiento se convertirá en espacio abierto público. Su ciudad, que ya no puede regar y mantener los parques existentes, adquirirá terrenos propiedad de los bancos. En esta especie de imagen perfecta de la Agenda 21 de la ONU, todos los edificios de crecimiento inteligente del centro de la ciudad necesitan un lugar para jugar. Tiene que ser un lugar público porque el gobierno no puede vigilarte cuando estás en tu jardín. En otro "rescate" de los bancos y en la guerra de la Agenda 21 de la ONU contra la propiedad privada, se demolerán los edificios existentes y se eliminarán los terrenos privados de las listas de impuestos sobre la propiedad.

La demolición de edificios (una solución que produce gases de efecto invernadero, carbono y vertederos) y la construcción de parques "crearán puestos de trabajo" en este escenario.

Repitámoslo: se propone un TRILLÓN DE DÓLARES de dinero federal para este "enfoque terrestre para resolver la crisis económica de Estados Unidos". Esta cita procede del artículo *From Vacant Properties to Green Space*, publicado por el Urban Land Institute en enero/febrero de 2010. *El* artículo informa de que la City Parks Alliance de Washington DC está desarrollando una estrategia de financiación federal para este proyecto.

¿Podemos poner esto en común?

Paso a paso: la Agenda 21 de la ONU marca el rumbo del desarrollo de alta densidad en las ciudades.

Las agencias de reurbanización subvencionan el desarrollo para el crecimiento inteligente. Sólo algunos fabricantes favorecidos están en el tren del dinero.

La administración Clinton instó a los bancos a relajar sus criterios de préstamo y dejar que el dinero fluyera.

Los promotores han construido cada vez más edificios comerciales y residenciales, saturando el mercado.

El colapso económico fue diseñado para cubrir la migración de los negocios y la producción fuera de los Estados Unidos.

La caída de la bolsa fue diseñada para succionar la riqueza de la clase media y desestabilizar su jubilación.

El rescate del TARP pagó a los bancos y consolidó su poder al permitirles adquirir bancos más pequeños.

El colapso de la economía es una puesta en escena y fomenta la agitación por más programas sociales, así como el vilipendio de la propiedad. Los que tienen propiedad privada son "codiciosos".

A medida que la gente pierda sus casas por ejecuciones hipotecarias y desaparezcan sus empleos estables, estará más dispuesta a vivir en pisos subvencionados por el gobierno en los centros urbanos.

La cohesión vecinal será cosa del pasado. Habrá menos personas que se opongan a la pérdida de los derechos de propiedad privada.

Las propuestas para acabar con la deducción fiscal de los intereses hipotecarios a nivel federal serán aceptadas con mayor facilidad, amenazando la propiedad privada. La prensa habla de las miserias de la propiedad de la vivienda y promociona las ventajas de vivir en condominios (¡sin mantenimiento!) o pisos (¡muévete cuando quieras!) junto a las vías del tren.

En lugar de "equidad social", estamos asistiendo a una transferencia de riqueza de la clase media a los ricos, con propiedades embargadas que son compradas a precios de derribo por los que tienen dinero.

El elevado desempleo y las ayudas públicas contribuyen al endeudamiento general del Estado y continúan la espiral descendente de nuestro nivel de vida.

La propiedad de un coche privado se volverá inasequible debido a los altos precios de la gasolina, los elevados costes de aparcamiento en el centro de las ciudades y los impuestos sobre los kilómetros recorridos por los vehículos, y los salarios podrían reducirse para reflejar el "ahorro".

Las conversiones de zonas rojas a zonas verdes en los suburbios permiten a las ciudades demoler edificios y cerrar servicios en estas zonas. Los fondos de reurbanización, el dinero de sus impuestos sobre la propiedad, se utilizarán para estos proyectos.

Los caminos rurales no se pavimentarán, lo que reducirá el valor de las propiedades rurales, los bancos las embargarán y las autoridades locales las comprarán por centavos. Cada vez habrá menos tierra disponible para la agricultura, para la producción, para la vida a pequeña escala. Los terrenos de propiedad gubernamental serán gestionados o cedidos a fideicomisos de tierras sin ánimo de lucro en asociaciones público-privadas.

Los terrenos estarán cerrados al uso público. Las zonas rurales están cerradas.

Zonas suburbanas cerradas. Zonas forestales cerradas. Caminos rurales cerrados. Caminos forestales cerrados. Zonas de acampada cerradas. Cierre de parques estatales.

Restricciones de viaje. Se requiere una identificación personal en todo momento. Historial médico. Registros escolares. Registros de comunicación.

El correo electrónico, Facebook, la cartografía de posicionamiento global, la realidad virtual... todo sirve para estrechar tu mundo.

La policía orientada a la comunidad, los centros de fusión, la ampliación de los poderes de vigilancia doméstica para el FBI, la redefinición de la tortura, una guerra continua por la paz, una guerra eterna contra el terror, una renovación periódica de la Ley Patriótica de Estados Unidos.

Elegir ganadores y perdedores es el deporte de sangre oficial de la agenda del siglo XXI.

La regionalización del gobierno alejará las decisiones de planificación del gobierno local y le quitará el poco control que aún tiene.

Los consejos rurales, los consejos regionales, las asociaciones de vecinos, los consejos de condominio, las asociaciones de residentes... todos ellos hablan en tu nombre y no puedes detenerlos. Todos quieren lo mismo.

Control, información total e ingeniería social. ¿Crees que puedes desconectar los contadores inteligentes cuando vives en un edificio de 200 unidades propiedad de tu promotor local de viviendas de bajo coste (subvencionadas por el gobierno)?

Nunca se ha indexado, clasificado y almacenado más información sobre usted que en la historia del mundo. Se utiliza para venderle, gestionarle, vigilarle, controlarle y restringirle. Su gobierno, a través de sus representantes elegidos, juntas y comisiones no elegidas, asociaciones locales y grupos de vecinos, equilibra sus derechos individuales con los "derechos de la comunidad", y usted pierde. La agenda es mantenerte callado, sedado, pasivo, complaciente, consumido, agotado, distraído, temeroso, ignorante y confundido. El nuevo orden mundial globalista.

El neofeudalismo de la Agenda 21/desarrollo sostenible de la ONU revive la servidumbre como condición para el futuro. Si lo permites.

¿Qué es lo siguiente? ¿Qué hacer?

En primer lugar, respira hondo y date cuenta de que no estás solo en esto. Hay gente en todo tu estado, en toda América, en todo el mundo, que está contigo.

Has llegado hasta aquí en este libro, gracias. Te sientes molesto y preocupado por tu futuro y el de tu país.

Bien. Hay muchos temas en las noticias, pero la Agenda 21 de la ONU, el comunitarismo, el desarrollo sostenible y el crecimiento inteligente no son muy destacados.

Así que estás sorprendido. Puede que incluso esperes que no sea nada, que se olvide, que no tengas que hacer nada. Pero es real y su voz es necesaria.

Tal vez esté buscando un líder. Mírate en el espejo. Esta es la verdadera cara de las bases. TÚ.

Para empezar, lo mejor es leer más y abrir los ojos al funcionamiento de su ciudad. ¿Ha escuchado el lema "Piensa globalmente, actúa localmente"? Sí, es la jerga de la Agenda 21 de la ONU. Pues bien, tómate esto como algo fundamental, en el corazón de lo que ves. Recoge tu periódico local. Léelo. Muchos de nosotros leemos el *New York Times* o el *San Francisco Chronicle*, pero no nuestro periódico local. Es un trapo, decimos. ¿A quién le importa? Deberías hacerlo. He dicho más arriba que la Agenda 21 de la ONU, el comunitarismo, el desarrollo sostenible y el crecimiento inteligente no aparecen mucho en el periódico, pero lo hacen, todos los días. Los verás si prestas atención y lees con inteligencia. Artículos sobre proyectos de reurbanización, bulevares para bicicletas, cumbres vecinales, elecciones vecinales, proyectos de revitalización vecinal, proyectos de estabilización vecinal, visión de futuro, consejos locales, proyectos de crecimiento inteligente, subvenciones a la vivienda para personas con bajos ingresos, subvenciones al transporte, programas de modernización de edificios ecológicos, control de pozos, contadores eléctricos, de agua y de gas SMART y las personas que se oponen a ellos aparecen cada día en . Comuníquese con estas personas. Háblales de la Agenda 21 de la ONU. Ser un puente.

Sorprendentemente, el reparto de folletos es una de las formas más eficaces de llegar a un gran número de personas en poco tiempo. Hemos preparado unos folletos de KICK ICLEI OUT para ti. Puedes imprimirlos desde nuestra página web Demócratas contra la Agenda 21 de la ONU. Ir a la página del ICLEI. Levántate temprano un fin de semana por la mañana y pasea con ellos por diferentes barrios durante unas semanas. Ir durante la semana mientras la gente está en el trabajo. Póngalos en los porches, no los ponga en los buzones (son propiedad del gobierno federal, aparentemente). No dejes que la gente te engañe para entablar una conversación, o perderás el sábado hablando en lugar de difundir la palabra. Dígales que vayan a la página web del folleto si quieren más información. Si quieren ayudar, diles que hagan copias del folleto y las distribuyan. Lleva los folletos a la tienda, a la cafetería, a las reuniones, y repártelos. Sólo cuesta unos 5 dólares hacer 100 copias en blanco y negro. ¡Adelante!

También tenemos un folleto sobre el Nuevo Orden Mundial que puede imprimir y distribuir si lo desea. Puede encontrarlo en el sitio web de los demócratas en la sección ¿Qué puedo hacer?

¿Quién dirige su ciudad? Sea un investigador inteligente. Si lees sobre un grupo que aboga por el crecimiento inteligente en tu ciudad, por ejemplo, fíjate en quiénes lo integran. Busca en Google los nombres de las personas que dirigen la organización. Siga estos enlaces. ¿Quién los financia? ¿Qué influencia tienen en su ciudad? Prueba a poner su nombre más ICLEI, o Naciones Unidas, o Crecimiento Inteligente en tu buscador. Se sorprenderá de lo que encontrará. A continuación, exponga esta información en sus folletos.

Póngase en contacto con otras personas que consideren que sus derechos de propiedad están siendo restringidos o suprimidos por una normativa excesiva.

La mayoría de los propietarios de bienes inmuebles no poseen más que su propia casa, pero si usted es dueño de un terreno mejorado o vacante, ya sea rural, urbano, suburbano, comercial, residencial o industrial, se ha visto afectado. Y probablemente lo sepas. Así lo han hecho otros en su situación . Los partidos políticos son una distracción. No lo conviertas en un problema.

Encontrarás aliados viendo las reuniones de la comisión de urbanismo en tu canal de cable local, o acudiendo tú mismo a las reuniones, escuchándolas durante unas semanas, dando tu tarjeta a los que están en una situación similar y conociéndolos. Háblales de la Agenda 21 de la ONU.

Es posible que te lleves un susto, como nos ha pasado a veces, cuando crees que te encuentras con aliados pero te equivocas. Arriésgate. Corre la voz. Pídanos pegatinas para el parachoques o tarjetas de visita con la dirección de nuestro sitio web. Vaya a la página "Contacto" de nuestro sitio web.

Intenta reunir a un grupo. Sí, hace falta valor para señalar lo que hacen tus vecinos, tu ayuntamiento y tu comunidad cuando te sientes solo. Para ver un ejemplo de un pequeño grupo que marcó una gran diferencia, vaya a Santa Rosa Neighborhood Coalition punto com.

Me impresionó mucho el movimiento del Tea Party. Me invitan con frecuencia por todo Estados Unidos para hablar a diferentes grupos sobre la Agenda 21 de la ONU. Estos grupos independientes están formados por personas que quieren estar informadas. Vienen a mis discursos con libretas y toman notas. Son activos, van a las reuniones del gobierno y hacen las preguntas difíciles. Son ciudadanos estadounidenses honestos, no violentos, respetuosos de la ley, integradores y trabajadores que están alarmados por los cambios que se están produciendo a su alrededor. No tengo más que respeto por estas personas que sacrifican su tiempo, energía y dinero para preservar los derechos más básicos de los que disfrutamos en este país. Están cumpliendo con su deber cívico, y lo aprecio.

Esto es lo que queremos: una población informada que hable y actúe. Cuanto mejor informados estemos, mejor estarán nuestros representantes elegidos.

Establezca una red con otros grupos. Incluso si sólo estás de acuerdo en un tema, como echar al ICLEI o rechazar los contadores inteligentes, por ejemplo, reúnete con otros grupos pequeños para pasar a la acción. Apóyense mutuamente en sus acciones. Preséntese en una reunión del consejo del condado o de la ciudad en solidaridad con sus vecinos de otras ciudades. Ofrézcase a ayudarles con sus esfuerzos de distribución de folletos. Las caras nuevas, las ideas nuevas y la nueva energía son útiles para todos. ¿Por qué no crear una coalición para echar a ICLEI, formada por personas de todas las ciudades miembros de ICLEI en un radio de 100 millas? Haz un bombardeo de todas las ciudades durante un periodo de dos o tres semanas. ¡Potente!

Utiliza las redes sociales. Cree una página de Facebook, utilice Twitter y dirija a la gente a sitios web como el nuestro donde pueden encontrar más información.

Anuncia las reuniones, muestra a los miembros de Delphi y enlaza con vídeos y artículos. Utilice los medios electrónicos en su beneficio. Clip Nabber o Clip Grabber pueden ayudarte a tomar un vídeo de YouTube y subirlo a un DVD para mostrarlo en tus reuniones.

Implícate a nivel local. Asista a las reuniones de visión de su barrio.

No obstante, recuerda que utilizan tácticas como la técnica Delphi en las reuniones locales para marginar a los disidentes. Estas reuniones suelen denominarse charettes, talleres, reuniones de visión, reuniones de partes interesadas y grupos de trabajo. Pueden llamarse "Su plan 2020" o "La visión de su ciudad". He aquí una forma muy eficaz de frustrar sus tácticas:

Anti-Delphi'ing una reunión. Una reunión Delphi puede ser individual o implicar a varias personas. El objetivo de la reunión es orientar el resultado dando la impresión de que los participantes tienen un impacto y que el resultado es su idea. Si la reunión transcurre sin problemas, los participantes no se darán cuenta de que se les ha obligado a aceptar el plan ideado antes de la reunión. Su objetivo es demostrar que el plan no es el del pueblo, y resistir la tentación de dejarse llevar. Para hacerlo de forma eficaz, tendrá que mantener la calma y hacer que el facilitador le trate de forma brusca delante del grupo. Esto es teatro político. El facilitador confía en el cumplimiento y la obediencia del grupo para conducir la reunión hacia el resultado deseado. Su trabajo consiste en romper el ritmo fascinante de la reunión totalmente orquestada y sacar a la luz el funcionamiento que hay detrás de la pantalla. En ese momento, el facilitador perderá el control de la reunión y se romperá el hechizo. En ese momento, todo el público debería hacer preguntas y exigir respuestas al facilitador . No habrá "consenso". Funciona, pero hay que hacerlo bien. Si haces que el facilitador parezca una víctima, el público pensará que estás abusando de ellos y perderás.

Antes de asistir a la reunión, entra en Internet y lee sobre ella. Mira quiénes son los grupos patrocinadores y lee sus objetivos declarados. Conoce a tu oponente. Comparta esta información con su grupo. Reúna a su grupo y reúnase el día antes de la reunión.

Cuanto más grande sea el grupo, más probable será que se revele cómo funciona la farsa. Lo mejor es que haya al menos cuatro personas. Hay que trabajar en equipo y recordar que esto es teatro político: se están representando papeles. Ha consultado los documentos de la reunión y comprende el objetivo de la misma. Digamos que está organizado por la organización regional de transporte/planificación metropolitana, un consejo de gobierno y algunas organizaciones sin ánimo de lucro. Han visto el anuncio de la reunión y se trata de establecer un crecimiento inteligente en el centro de sus ciudades con un sistema de transporte regional que las conecte. Prevé un enorme auge de la población y el objetivo es aglutinar al mayor número posible de personas en el centro de la ciudad. Los nuevos edificios se alinearán en las calles recién reconfiguradas según el modelo de uso mixto de Smart Growth: construidos en la acera, comercios en la planta baja con techos de doce pies de altura, y dos o más pisos de viviendas o condominios por encima. Una o menos plaza de aparcamiento para las unidades, y muy poco espacio común.

Tú y tu grupo decidís que vais a hacer preguntas como: ¿Cuánto va a costar este proyecto? ¿De dónde viene el dinero? ¿Quién ha dado al consejo regional el poder de tomar estas decisiones? ¿Por qué no se vota este proyecto? ¿Están los dueños aquí? ¿Por qué no les preguntas qué quieren hacer con su propiedad? ¿Piensa utilizar la facultad de expropiación para demoler los edificios existentes? ¿Qué pasará con los negocios locales? Parece que es un hecho, ¿por qué han convocado esta reunión si ya han planificado todo el proyecto? Como puede ver, se trata de preguntas extremadamente contradictorias que el facilitador no querrá responder. Su objetivo es avergonzarte, hacerte callar y enardecer a la multitud contra ti. Su objetivo es descartar al facilitador y revelar a la multitud que está siendo manipulada. Este no es su plan.

Vuelve a tu grupo. Estas reuniones de Delphi suelen celebrarse en un auditorio con asientos en fila o en mesas. Para combatir eficazmente a Delphi, es necesario :

Entrar en la reunión por separado y salir de ella por separado.

No reconozcas a las otras personas de tu grupo, no hables con ellas. Actuáis como si no os conocierais de nada.

Si puedes evitar iniciar sesión, hazlo. Quiere permanecer en el anonimato. Si tienes que conectarte, da un nombre y una dirección de correo electrónico falsos. La razón es que si tienes éxito y quieres participar en otras reuniones anti-Delphi, no quieres establecer tu identidad para ellos. Alguien del grupo debería utilizar una dirección real para poder recibir las actualizaciones de los organizadores.

No te pongas la placa.

No te identifiques como parte de un grupo. Usted está allí como ciudadano interesado, como todos los presentes.

Vístete y arréglate con cuidado. Usted es un miembro racional, razonable e inteligente de su ciudad.

Si hay cámaras de vídeo, intenta evitar que te graben.

Mantén la calma.

Entre en el auditorio y siéntese en esta formación:

Si el auditorio tiene asientos tipo teatro, se sentarán en forma de diamante; dependiendo del tamaño de la reunión, puede haber más de un diamante. Una persona en el centro, detrás, unas filas más atrás, una persona a su izquierda hacia el pasillo y otra a su derecha hacia el pasillo. A continuación, continúe con este patrón colocando una sola persona de en el centro, unas cuantas filas detrás de esa fila. Si la reunión es numerosa y hay suficientes personas, repite esta pauta.

Es posible que su personal cubra una gran superficie y no se agrupe. Los observadores no verán sus conexiones con los demás y no verán un esfuerzo de equipo. Parece que hay oposición en todas las partes del auditorio, inconexas y, sin embargo, se apoyan mutuamente. Recuerden que están allí como miembros totalmente independientes de su ciudad y que no entrarán en contacto entre sí durante la reunión, en los descansos o después de la misma, bajo la mirada de cualquier otra persona presente en la reunión.

Si el auditorio tiene mesas, os sentaréis en diferentes mesas hasta que haya alguien en cada una de ellas, y luego, si hay más personas que el número de mesas, os sentaréis en la misma mesa con los vuestros pero no reconoceréis que os conocéis. Se presentarán como si fueran desconocidos.

Eres agradable. Eres amigable. Estás tranquilo. Eres razonable y estás preocupado. No expresas tus opiniones a tus allegados.

Recuerde que muchas de las personas del público o de su mesa están pagadas para estar allí (miembros de las organizaciones que patrocinan el plan o empleados del gobierno) o están relacionadas con el plan de alguna manera.

Al igual que tú, están ahí para desempeñar un papel. Así que cuando la reunión se ponga en marcha, observa a los que te rodean de forma amistosa.

Preséntate con tu nombre falso y averigua quién más está en la mesa contigo. ¿Cómo se enteraron de la reunión? ¿Trabajan para la ciudad? ¿Qué hacen? Puede ser un promotor, un urbanista, un arquitecto, un ecologista, un concejal, etc. ¿Su grupo patrocina este evento? ¿Dónde viven? ¿En qué ciudad, en una casa o en un piso? ¿Viven en los suburbios? ¿Fueron en coche a la reunión? Estas preguntas deben hacerse de forma amistosa, informal y en ningún caso agresiva. Sólo eres un vecino interesado en charlar. Habla lo menos posible de ti; estás recopilando información e identificando cómplices.

Dependiendo de la sofisticación de esta reunión, usted "votará" con un dispositivo electrónico o levantando la mano. Vigila las fichas falsas. ¿Van a votar? No tardarás en detectar que no son "miembros del público". A menudo empiezan en una mesa, para pasar después a otra y convertirse en anfitriones de la mesa. Al identificarlos, puedes desenmascararlos.

El orden del día de las reuniones es muy apretado y una forma de causar impacto es desbaratar el orden del día. La mayoría de los facilitadores no están acostumbrados a lidiar con la disidencia y se pondrán nerviosos, se enfadarán o se mostrarán despectivos para mantener su agenda. Incluso un retraso como: "¿Alguien ha visto mi bolso? Pensé en ponerlo aquí" puede provocar ansiedad en el presentador y facilitar su trabajo.

Pero no exageres.

Al principio de la reunión, se le pedirá que "vote" sobre una serie de escenarios sesgados. Esta es su primera oportunidad. Un miembro de tu grupo levanta la mano y hace una pregunta. Puede ser algo así como "Estoy confundido. Pensaba que esta reunión era para conocer nuestra opinión, pero parece que lo habéis preparado para que sólo podamos votar sobre vuestros escenarios predeterminados." El facilitador responderá que no acepta preguntas ahora, o dará una respuesta larga y sin sentido. A continuación, el interrogador dice, de forma tranquila y amistosa: "Pero creo que no ha respondido a mi pregunta. Pensaba que esta reunión era para conocer nuestra opinión, pero parece que no nos permiten discutir otras opciones. El facilitador tratará de ignorar la pregunta. AHORA, uno de los otros miembros de su grupo dice: "Me gustaría escuchar la respuesta a la pregunta de este señor". Y otro miembro dice: "Sí, a mí también me gustaría saberlo. Esto perturbará la reunión, porque el público ahora también quiere saber la respuesta y empezará a intervenir. Acuérdate de apoyarte mutuamente, pero hazlo de forma casual, amable y educada. Quieres que el facilitador te ataque a ti, no al revés. Tómatelo con calma al principio.

El facilitador sabe lo que está pasando, pero el público no. El objetivo del facilitador es conseguir que manipules, te calles y sigas adelante.

Entonces, se puede volver a dar la primera respuesta o se les dirá que el tiempo se acaba y que las preguntas se responderán cuando se dividan en grupos.

Permita que la reunión continúe brevemente. Mientras aparecen en la pantalla las viviendas apiladas y empaquetadas, otra persona pregunta: "Perdone, pero me gustaría entender por qué dice que mi barrio es "de lo más normal", como si eso fuera algo malo. Nos gusta mucho nuestra calle sin salida y nuestra casa de una sola planta. Lo mismo que en el caso anterior.

Otro miembro, desde el otro lado de la sala, dice "me gustaría escuchar la respuesta a esa pregunta". Y otros hablaron. Estamos en una zona rural, no queremos viviendas como las que muestra. Recuerde sus preguntas acordadas, como por ejemplo

¿Cuál es el coste de este proyecto?

¿Cómo se financia?

¿Quién contrató a su empresa y cuánto le pagan?

¿A quién pertenecen los terrenos afectados por su plan?

¿Están los dueños aquí?

¿Qué pasará con los negocios locales?

¿Por qué se trata de hacer esto sin una votación?

¿Apoyan el alcalde y los concejales este plan?

¿Por qué el consejo regional intenta tomar el control de esta zona?

Es como una reunión de Delphi en la que ya se ha fijado el resultado antes de llegar.

¿Lo hacen en otras ciudades?

(Esto todavía incluye la adopción del proyecto, por lo que su pregunta de seguimiento es: parece que nada de lo que podamos decir aquí detendrá este proyecto. Hazte estas preguntas y apóyate mutuamente. ¡Pero no te comportes como una turba! Manténgase civilizado. Baja la voz. No dejéis que os conviertan en los malos y pongan a toda la sala en contra vuestra.

Deja que otros hablen. Si es evidente que está tomando el control de la reunión, perderá el apoyo del resto de la audiencia. Recuerda que no vas a hacer cambiar de opinión a los facilitadores. Lo hace para despertar a sus conciudadanos.

El animador intentará dividir la sala en grupos, especialmente en las reuniones con mesas individuales. Resiste esto. Diga: "Me gustaría escuchar los comentarios de todos. Creo que sería mejor que permaneciéramos juntos". Apóyalo. Probablemente no ganes, pero la gente pensará en el hecho de que no pueden escuchar los otros comentarios.

En cada una de las mesas, cada uno puede decir "¿Cómo podemos saber lo que pasa en las otras mesas? Esto no parece correcto. Observe quiénes son los líderes de la mesa. ¿Estuviste al lado de alguno de ellos antes? ¿Ha votado? Diga: "Disculpe, pero no entiendo cómo puede decir que es una reunión para el público cuando tiene facilitadores que votan". Apoya eso. Eso expone la mentira. No hay "consenso".

Si las cosas van mal para la facilitadora, pedirá un descanso y entonces ella y los demás facilitadores observarán quién habla con quién. Su personal estará encantado de participar en su conversación.

No hables con otras personas de tu grupo durante el descanso. Los facilitadores identificarán que estáis juntos y no os llamarán la atención ni os acusarán de confabularos. En cambio, durante el descanso, puedes ir a sus grupos y escucharlos. Rápidamente darán por iniciada la reunión.

Te pedirán que clasifiques listas de cuestiones medioambientales como el aire limpio, el agua limpia, los espacios abiertos o la jardinería. ¿Quién no quiere aire y agua limpios? Por supuesto, eso es lo primero. Entonces justifican la supresión del uso del coche privado en el centro de las ciudades, la imposición de un impuesto sobre los kilómetros recorridos por los vehículos o las elevadas tarifas de aparcamiento. Pregúnteles: "¿Con qué relacionan estas opciones obvias? ¿Vas a decir que si queremos un aire limpio, no queremos coches privados?" Una sonrisa encantadora. Apoye su reclamación.

Si lo hace correctamente, no podrán terminar la reunión.

Se alzarán las voces. Mantén la calma pero sigue haciendo preguntas. Cuando la sala se vuelva contra ellos y los eche, habrás ganado. Ahora, en la puerta, justo fuera, reparte tus folletos. Pueden ser nuestros folletos de ICLEI o AG21 o los folletos anti-Delphi llamados ¿Estás siendo Delphi'd? Puede encontrarlos en la página web de la Coalición de Vecinos de Santa Rosa, en la sección Delphi. Es bastante impactante cuando la gente lee que ha sido víctima de una técnica de la RAND Corporation para dirigirla hacia un resultado predeterminado. Y obtienen esa información de su grupo.

Pero no creas que has ganado del todo: mantén los ojos y los oídos abiertos para la reunión de puesta al día que intentarán organizar sin que lo sepas.

También hay que estar ahí para eso. Y apoye a los demás grupos de su región que son objeto de estos facilitadores de la regionalización y de la Agenda 21 de la ONU. Comparta la información que tiene sobre cada uno de los facilitadores y sus grupos, y sobre el programa. Si has grabado vídeos de las reuniones, enséñalos a otros grupos de resistencia. No esperes que los facilitadores vuelvan a cometer los mismos errores. Aprenderán y se agudizarán al involucrarte en Delphi. Hay que desarrollar una estrategia para el futuro.

Aquí hay un artículo que escribí en el blog de los Demócratas en agosto de 2010 sobre un gran golpe contra Delphi:

Acabo de leer un artículo en un periódico online que me ha hecho estremecerme.

Imagínese la situación: un pueblo pequeño, una reunión de supervisores, 90 personas presentes, un consultor de pie al frente, haciendo su discurso y entregando lo que los supervisores le pagaron una pequeña fortuna para encontrar.

Crecimiento inteligente. ¿Y sabes qué? Esta gente no lo entiende. Sus comentarios me sorprendieron. Han hecho sus deberes y han leído sobre la Agenda 21 de la ONU y no la quieren.

Extracto del periódico Picayune Item, 19 de mayo de 2010:

> *Una audiencia pública sobre lo que se ha convertido en un controvertido plan integral del condado, apodado por algunos como un plan de "crecimiento inteligente", se encontró con una fuerte oposición negativa el lunes por la noche en el auditorio de la escuela secundaria de Picayune. Unos 90 residentes se reunieron para escuchar a los funcionarios del condado hablar sobre el plan, y unos 17 hicieron comentarios negativos sobre el plan propuesto.*

Los ciudadanos presentes en la reunión se pusieron en contra de los facilitadores al nombrar y hablar de la Agenda 21 de la ONU. Todos ellos expresaron sus objeciones al crecimiento inteligente y fueron un grupo muy bien informado. Consiguieron cambiar el resultado con un veinte por ciento del número total de participantes. Los supervisores del condado se dieron cuenta de que no podían aprobar el plan.

> *Supervisor Hudson Holliday: "Si lo hubieran llamado 'Crecimiento tonto' no tendríamos este problema. Pero esta gente realmente ha encontrado una manera de hacer dinero. Es un trato astuto. Todos ustedes (CDM) recibirán unos 787.000 dólares por un plan que realmente no vale nada. El antiguo consejo les dio 300.000 dólares para hacer un estudio.*
>
> *Este estudio tenía un grosor de unos tres cuartos de pulgada. El propio Sr. Carbó dijo que no valía ni el papel en el que estaba escrito. Pero no nos ofrecieron devolvernos el dinero. Es una subvención, pero es el dinero de nuestros impuestos. Este consejo votó para darles 487.000 dólares para hacer un plan. No he visto esta última versión. Las Naciones Unidas no nos quitan nuestros derechos, nosotros lo hacemos aquí. Como supervisor, no quiero tener la responsabilidad de decirte lo que puedes hacer con tu tierra y te aseguro que no quiero que los que me sigan tengan ese poder y esa responsabilidad... Estas audiencias públicas debían ser río*

arriba, no río abajo... Cada estudio que el gobierno hace o paga acaba aumentando el control gubernamental. He votado en contra de pagar a estos tipos. CDM es una gran empresa, y creo que si su empresa, Sr. Carbó, tiene algo de integridad, nos devolvería el dinero.

Una visión en una calle de un barrio semi-rural - una imagen que está cambiando. ¿Qué pasó con estos propietarios?

Ve a las reuniones del consejo municipal y de la junta de supervisores del condado y acostúmbrate a hablar. Al principio da un poco de miedo, pero adelante. El año pasado, nuestra ciudad, Santa Rosa (California), dejó de retransmitir por la televisión pública la parte de los comentarios del público en las reuniones del ayuntamiento. Sí, la pantalla se oscureció en el momento en que se llamaron los nombres para hablar, y apareció un anuncio en la pantalla diciendo que la parte televisada de la reunión pública había terminado. Protestamos. Enviamos cartas al alcalde y al ayuntamiento, y al periódico local. La respuesta fue que la ciudad no le debía a nadie un lugar para expresar sus opiniones. Dijeron que si la gente quería escuchar lo que otros ciudadanos tenían que decir, podían venir y escuchar en persona. Desde que la ciudad adoptó las "actas de acción" para todas sus reuniones en 2005, ya no se puede leer el acta y saber lo que se dijo. Sólo se registró su nombre. Busqué en Internet si otras comunidades habían censurado sus comentarios públicos. Me sorprendió. Esta no es la única ciudad que restringe el derecho de sus ciudadanos a hablar y ser escuchados. NO. Está ocurriendo en todo Estados Unidos. Los ayuntamientos y las juntas de supervisores ya no emiten comentarios públicos en sus televisiones públicas. ¿Es una coincidencia? NO. ES LA AGENDA 21 DE LA ONU. Adelante, exija que su ciudad emita sus comentarios en la televisión pública con el resto de la reunión del consejo. Traiga a todos los que pueda a la reunión y hable durante sus tres minutos: mantenga a su consejo y a sus supervisores allí toda la noche. En cada reunión. Hasta que restablezcan la parte de la reunión dedicada a los comentarios del público en el programa de televisión.

¿Cuál es la principal diferencia entre Estados Unidos y los regímenes represivos? Tolerancia a la disidencia. La libertad de expresión. Discurso abierto. Debate público. Sin información, estamos censurados y a oscuras.

Si tu ciudad o condado ha prohibido los comentarios públicos, no dejes que eso te detenga. Apuesto a que la mayoría de los puntos del orden del día están relacionados de alguna manera con la Agenda 21 de la ONU. Comenta estos puntos. Está difundiendo la palabra a todos los que ven la televisión.

Solemos empezar y terminar nuestros comentarios con la dirección de nuestro sitio web para que la gente pueda obtener más información.

Es muy emocionante participar a nivel local, y llegas a saber quién es quién y cómo encaja todo. Es tu ciudad... participa. Pero no dejes que te engañen. O utilizar los halagos para darles la vuelta.

No se deje engañar. Sé valiente: te diriges a toda la ciudad y al condado, no sólo a la junta. Les darás a otros el valor y la información que necesitan para unirse a ti.

Evitar el agotamiento. Si estás agotado y te rindes, no ayudarás a la resistencia. Así que cuídate. Encuentra tiempo para reír y disfrutar de tus amigos y tu familia. Esta es una estrategia que aprendí en un seminario en línea ofrecido por un grupo de defensa del medio ambiente. Se llama "El poder de los 25" ( ). Así es como funciona: si tienes 25 personas en un grupo, puedes generar 200 contactos al año con legisladores, etc. Cada persona se compromete a hacer ocho o más. Cada persona se compromete a hacer ocho cosas al año: asistir a dos reuniones, enviar dos correos electrónicos, enviar dos cartas y hacer dos llamadas telefónicas. Cada una de estas acciones se dirige a un organismo o persona diferente, pero las 25 personas de su grupo se centran en las mismas personas. Así, este legislador, por ejemplo, recibirá unas cuantas cartas, unas cuantas llamadas telefónicas, unos cuantos correos electrónicos y una asistencia a una reunión de su grupo en diferentes momentos del año.

Pueden reunirse como grupo y decidir la dirección que quieren tomar. Tanto si se trata de echar a ICLEI de tu ciudad como de informar a otros sobre la Agenda 21 de la ONU, proyectarás una presencia importante con 200 contactos y nadie se quemará. Todavía no lo he probado, ¡estoy demasiado ocupado!

Preséntate a las elecciones. Tanto si se trata de un consejo escolar, como de un consejo del agua, un ayuntamiento, una oficina nacional, una agencia inmobiliaria o un sindicato, necesitamos personas mejor informadas. Aunque no gane, y es difícil ganar sin dinero, hará que la Agenda 21 de la ONU entre en el debate y salga a la luz.

¿Qué tal una donación? ¡Los operadores están listos para intervenir!

Pero en serio, si no quieres ser activo o no puedes serlo por la razón que sea, tu donación, por pequeña que sea, puede ayudar a mantener activos a los que viajamos, escribimos, imprimimos folletos, hacemos pegatinas, financiamos sitios web y difusión por correo electrónico, y hablamos con grupos. Tenemos un botón de donaciones en nuestra página web de Demócratas contra la Agenda 21 de la ONU (página de Donaciones/Contacto) y otros grupos hacen lo mismo. Su donación es muy apreciada.

¡Tengan una noche de cine! Hay muchas películas, documentales y discursos estupendos que puedes comprar en Internet o simplemente proyectar desde tu ordenador. ¿Tiene una pequeña oficina o tienda donde pueda proyectar películas después del trabajo? Invita a unas cuantas personas a verlos juntos y luego charlar. Conviértalo en una actividad regular, una vez a la semana, y se sorprenderá de lo rápido que se desarrolla. Luego puedes pasar a una participación más activa.

Involucrar a los jóvenes en el debate. Si tiene hijos o nietos, hágalos partícipes de estas discusiones y muéstreles cómo están siendo adoctrinados. Escuche lo que le dicen sobre los programas escolares y los medios de comunicación social. Señala cómo están siendo manipulados. Pídeles que te muestren ejemplos, haz un juego con ellos.

Pide a tu grupo que patrocine un premio al "mejor vídeo" para un vídeo sobre la Agenda 21 de la ONU. Ofrecer un premio de 250 dólares al mejor vídeo de cinco minutos sobre las repercusiones locales de la Agenda 21 de la ONU. Publique sus avisos en los colegios e institutos locales. A continuación, publique el ganador y los subcampeones en Youtube. Organizar un banquete de premios. Publíquelo en el periódico. Mostrar la película como un cortometraje en los festivales de cine. Póngalo en el canal de medios de su comunidad. ¡Suena divertido!

Cuando discutas la Agenda 21 de la ONU con personas que defienden el movimiento de la sostenibilidad, piensa en sus argumentos. ¿Tienen sentido? Si defienden el desarrollo de alta densidad en el centro de su ciudad, pregúnteles: ¿Por qué apoyan la expansión vertical? Pregúntales: ¿Sabías que las viviendas sociales no pagan el impuesto sobre bienes inmuebles? ¿Sabías que no contribuyen al pago de los servicios municipales? Pregúnteles: ¿Sabía usted que los impuestos sobre la propiedad de las nuevas urbanizaciones en una zona declarada como arruinada contribuyen muy poco a las escuelas, los hospitales y los servicios de policía y bomberos? La mayoría de sus impuestos sobre la propiedad se desvían a la Agencia de Reurbanización para pagar los bonos de reurbanización. Si te plantean cuestiones sobre las que tienes dudas, busca las respuestas.

Utilízalo como una oportunidad de aprendizaje.

Lea las opiniones contrarias. Tengo la costumbre de leer las páginas web de los grupos ecologistas, de los grupos ciclistas y de todas las páginas de defensa del crecimiento inteligente que puedo soportar. Te ayuda a aclarar tus ideas y te prepara para el debate.

Aproveche todas las oportunidades que le brindan los medios de comunicación.

Nunca rechazo una invitación para aparecer en la radio o la televisión. Sólo hago lo que puedo y difundo la palabra. Agradezco a Maggie Roddin (The Unsolicited Opinion), al Dr. Stan Monteith (Radio Liberty), a Jeff Rense (Rense Radio), a Ernest Hancock (Freedom's Phoenix) y a los muchos otros presentadores que me han invitado a sus programas. Glenn Beck publicó mi discurso del Tea Party de East Bay en su sitio web, ¡y yo ni siquiera sabía quién era en ese momento! Creo que ahora han visto ese vídeo más personas de las que he conocido en mi vida. Cuando la prensa hostil me entrevista, lo hago por teléfono y lo filmo yo mismo.

Utilice su grupo para atraer la atención de los medios de comunicación haciendo teatro político. Emitir un comunicado de prensa cuando vaya a pedir a su ayuntamiento que despida a ICLEI. Organizar una rueda de prensa en el ayuntamiento. Utiliza una gran bota de cartón. Designe a un miembro bien informado como enlace con la prensa.

He aquí una forma de hacer oír tu voz en todos los periódicos y revistas del país: entra en sus páginas web y comenta los artículos sobre la Agenda 21 de la ONU y el desarrollo sostenible. La mayoría de los sitios permiten la publicación anónima, si así lo desea.

¿Está suscrito a un boletín de noticias? Escribe algo para ello. ¡Adelante! Hazlo lo mejor posible y no te preocupes si no puedes escribirlo todo.

Crea un blog. Hazlo, es fácil. Weebly es un gran constructor de sitios web. Es gratuito y puedes tener fácilmente un sitio web y un blog en unos 5 minutos. A medida que aprendas más, publícalo. Establezca conexiones con los demás. Consigue apoyo encontrando a otras personas que, como nosotros, han despertado a la Agenda 21 de la ONU y al comunalismo.

¿Existe un centro de medios de comunicación comunitarios en su ciudad? Es posible que en tu universidad o instituto haya una cadena de televisión por cable local que ofrezca clases para aprender a hacer un programa de televisión local. Es divertido, se aprende mucho y se puede emitir el programa. Prueba el programa "El hombre de la calle". Pregunte a todas las personas que conozca: "¿Sabía que (su ciudad) es miembro de ICLEI?" o "¿Sabía que el desarrollo sostenible es un plan de la ONU?

Retirar su apoyo financiero. Si realiza contribuciones benéficas, o paga cuotas profesionales o de suscripción a grupos que apoyan la Agenda 21 de la ONU, deje de pagar, o pague en señal de protesta si debe hacerlo, y dígales por qué.

Se acercan las elecciones. Ve a los foros. Pregunte: "¿Cuál es su posición sobre la Agenda 21 de la ONU?" Levanten un cartel. Averigüe si su ciudad o condado es miembro de ICLEI. Pregunte: "¿Cuál es su posición sobre ICLEI? ¿Te comprometes a echar a ICLEI de nuestra comunidad?

No busques un héroe, no esperes que alguien lo haga por ti. ¡Todos a trabajar! Usted forma parte de un movimiento amplio, global y verdaderamente popular. Ser verde es utilizar formas eficientes de ahorrar energía y utilizar formas inteligentes de preservar nuestra vida en la tierra. No hace falta perder el derecho a la libertad de expresión ni renunciar a vivir con un vehículo personal, una casa privada, comodidades modernas y buena comida para tener conciencia ecológica. Los grupos locales nos dijeron que no querían que los vehículos eléctricos tuvieran éxito porque impedirían que la gente dejara el coche y se desplazara en bicicleta. Incluso si toda la electricidad procediera de las energías renovables, las personas con vehículos personales son "antisociales" y las calles deberían hacerse sólo para bicicletas o eliminarse. El trabajo que tenemos que hacer para detener la Agenda 21/Desarrollo Sostenible de la ONU tiene que venir de cada uno de nosotros. Si esperamos a los líderes, fracasaremos. Todo el mundo puede aportar su granito de arena haciendo lo que pueda y uniéndose para hacer oír su voz. Todos somos héroes.

Si se ha identificado como progresista, pregunte qué significa eso. Pregúntate qué significa. Piensa en ello. Hace aproximadamente un año, decidí investigar sobre los progresistas. Después de todo, me llamaba a mí mismo progresista y me di cuenta de que no tenía ni idea de lo que quería decir. Yo sólo estaba tranquilo. ¿Quién no quiere ser progresista? Sabía que había un grupo de demócratas progresistas en el Congreso de los Estados Unidos y lo busqué. Lo que encontré me asombró. Los Socialistas Democráticos de América dicen que, como no hay posibilidad de que un tercer partido gane unas elecciones en Estados Unidos, trabajan a través del ala izquierda del Partido Demócrata. Declaran específicamente que trabajan a través del Caucus Democrático Progresista. Según la Wikipedia, el PDC, con 83 miembros, es el caucus más grande dentro del Caucus Demócrata en el Congreso de Estados Unidos. Si va a la página web de los Socialistas Democráticos de América (www.dsausa.org) y busca en "¿Qué es el socialismo democrático?" encontrará una hoja informativa de cuatro páginas que contiene esta declaración:

¿No es un partido que compite con el Partido Demócrata por los votos y el apoyo?

No, no somos un partido independiente. Al igual que nuestros amigos y aliados de los movimientos feministas, laborales, de derechos civiles, religiosos y de organización comunitaria, muchos de nosotros hemos sido activos en el Partido Demócrata.

Estamos trabajando con estos movimientos para fortalecer el ala izquierda del partido, representada por el Caucus Progresista del Congreso. El proceso y la estructura de las elecciones estadounidenses socavan gravemente los esfuerzos de los terceros.

Las elecciones en las que se gana en lugar de la representación proporcional, los estrictos requisitos de calificación de los partidos que varían de un estado a otro, un sistema presidencialista en lugar de parlamentario y el monopolio bipartidista del poder político han condenado los esfuerzos de los terceros partidos. Esperamos que en algún momento del futuro, en coalición con nuestros aliados, sea viable un partido nacional alternativo. Por ahora, seguiremos apoyando a los progresistas que tengan posibilidades reales de ganar elecciones, lo que suele significar demócratas de izquierdas.

También encontrará una declaración en la que se indica que fueron los fundadores del Congressional Progressive Caucus.

¿Qué es lo que quieren? La propiedad estatal y cooperativa de los bienes y medios de producción. Aunque dicen que no apoyan la centralización del poder, sus propuestas lo desmienten. Te sugiero que eches un vistazo a la página web, como hice yo, y empieces a hablar de ello.

Es perfectamente legal y aceptable ser socialista en Estados Unidos, pero si te presentas con una plataforma socialista, debes identificarte como socialista, no como demócrata. No apoyamos el secuestro del Partido Demócrata.

Imagine el resultado final del desarrollo sostenible. En tu mente, múdate a un piso. Deshazte de tu coche y coge la bici. Tómate tu tiempo para pensar en ello. Dejar de consumir alimentos que no hayan sido producidos localmente (en un radio de 25 millas). Limite su consumo de agua a 10 galones por día. Pagar un impuesto sobre el carbono por todos sus viajes. Lava la ropa y las sábanas a mano y cuélgalas para que se sequen (intenta hacerlo durante un mes). Complete su cuestionario de desarrollo comunitario basado en activos. Completa tus horas de "trabajo voluntario obligatorio".

Informar de cualquier infracción del Código de Residentes de Crecimiento Inteligente.

¿Se identifica como liberal? La Constitución y la Carta de Derechos también son nuestras. Es nuestro. Somos un país grande con mucho espacio y muchos recursos. Limpiamos nuestra contaminación, reducimos nuestro consumo de energía y somos más eficientes con el agua. Somos una nación de derechos. No son derechos republicanos o demócratas. Nacional, derechos civiles.

Tengan un poco de compasión por los que abren los ojos a la verdad. Es difícil y doloroso ver que la máscara verde es una ilusión. Los que queríamos creer en la visión pastel no querremos ver la fría realidad de la manipulación de las preocupaciones medioambientales por parte de las empresas multinacionales. Sé compasivo.

¡Celebre sus victorias! Los condados y ciudades de todo el país están echando al ICLEI por la puerta y se están activando. Únase a los condados de Carroll (Maryland), Spartanburg (Carolina del Sur), Amador (California), Albemarle (Virginia), Montgomery (Pensilvania), Las Cruces (Nuevo México), Carver (Massachusetts), Edmond (Oklahoma), Garland (Texas), Georgetown (Texas), Sarasota (Florida) y Plantation (Florida) para decir NO a ICLEI. Si ellos pueden hacerlo, tú también. No olvides rehacer tu plan general.

Ten el valor de expresarte. Sé un pensador independiente. Nuestra autoimagen como nación y nuestra realidad histórica a veces divergen profundamente, pero esta gran fuerza unificadora entre el ideal y la realidad es la garantía de la libertad de expresión y de la propiedad de uno mismo y de la propiedad privada. Estos son posiblemente nuestros derechos más vitales y únicos, y a los que debemos dedicar nuestra vigilancia. Es vital que defendamos estos derechos, los derechos de nuestra Carta de Derechos. Es difícil mantener un ideal, y hemos fracasado en varios momentos de nuestra historia. Pero siempre volvemos a la Carta de Derechos, y cuando nos equivocamos, lo corregimos. La esclavitud, el sufragio femenino y otras cuestiones importantes de que siguieron a las diez primeras enmiendas de la Constitución pretendían corregir errores u omisiones en los documentos originales. Podemos crecer y aprender como nación, y siempre debemos esforzarnos por parecernos más a nuestro ideal. Como dijo Miguel Ángel cuando le preguntaron cómo pudo esculpir una estatua tan perfecta en el David: "Simplemente quité todo lo que no era el David, y ahí está".

Tenemos una hermosa piedra de toque, una guía, una Constitución que nos define, que no permite la pérdida de derechos ni la restricción de libertades. Hemos visto las tácticas utilizadas para silenciar la verdad, y son feas.

Calumnia, difamación, error judicial... hemos vivido con esto durante los últimos 6 años, porque tuvimos el valor de decir la verdad.

Esta información es demasiado poderosa para ser ignorada y no puede ser silenciada.

La resistencia no es algo a lo que te unes; es lo que eres. Formas parte de un verdadero movimiento de base que se pronuncia sobre la Agenda 21 de la ONU, sobre la cooptación del movimiento ecologista por parte de los intereses empresariales y sobre la absorción cada vez más rápida de nuestro gobierno por parte de las megacorporaciones.

Luchemos por una unión más perfecta, más acorde con nuestro ideal de nación. No nos dejemos arrastrar a exigir lo que la corporatocracia nos da. Porque a medida que nos empobrezcamos, pediremos a gritos más control gubernamental, más ayudas gubernamentales, más restricciones a los demás, y si no somos sabios y valientes, seremos testigos de este plan.

Permanezcamos juntos. Nos resistiremos a los esfuerzos por dividirnos y buscaremos los elementos de nuestra experiencia americana que nos unen. Se ha dicho, se ha quitado la máscara. Estamos ganando. Hemos roto el silencio y derribado el mito de que la Agenda 21 de la ONU es una teoría conspirativa.

Sabemos que esto es un hecho conspirativo. Rechaza que tu gobierno o cualquier otro te aterrorice. Podemos trabajar juntos para derrotar a la Agenda 21/Desarrollo Sostenible de la ONU mediante la concienciación y la acción.

Ahora salgamos de aquí y pongamos fin a esto.

¡SÍ SE PUEDE!

AGRADECIMIENTOS

L a Ciudad de Santa Rosa, el periódico Santa Rosa Press Democrat, la Alianza de Vecinos, la Asociación de Vecinos del Junior College, la Agencia de Reurbanización de la Ciudad de Santa Rosa, el Departamento de Planificación Avanzada de la Ciudad de Santa Rosa, el Departamento de Desarrollo Comunitario, el Instituto de Liderazgo de Ecología y Economía, el Congresista Michael Allen, el Senador Pat Wiggins y su personal, la Acción de Conservación del Condado de Sonoma, la Coalición de Desarrollo Responsable, y todos aquellos que se interpusieron en el camino de la verdad: sin su maldad, este libro no habría sido escrito.

El error es lo único que necesita el apoyo del gobierno. La verdad puede valerse por sí misma. - Thomas Jefferson, *Notas sobre el Estado de Virginia*, 1787.

Kay Tokerud, cuya valentía, perspicacia y perseverancia la convirtieron en una compañera ideal en este viaje.

El Sr. X, cuya ayuda y amistad han hecho posible gran parte de este trabajo. Jenny Reed, Michael Koire, ADB y Dreamfarmers, Kevin Eggers, James Bennett, los miembros de la Junta de NRSC, Maggie Roddin, Karen Klinger, Heather Gass, Steve Kemp, Erin Ryan, BJ Kling, Mark Shindler y Robert A. Macpherson. Barry N. Nathan, por sus magníficas ilustraciones.

Niki Raapana, cuyos libros *2020: Our Common Destiny* y *The Anti-Communitarian* Manifesto han sido inestimables para dar sentido a la fuente. Michael Shaw, cuya dedicación a la información no tiene parangón. Orlean Koehle, cuyo libro, *By*

Stealth and Deception, es un compendio enciclopédico de datos sobre el colapso de EE. Charlotte Iserbyt, cuyo libro, *The Deliberate Dumbing Down of America,* es un relato analítico de los verdaderos objetivos y metodología del sistema educativo. G. Edward Griffin, cuyo libro, *La criatura de la isla Jekyll,* es de obligada lectura. Puede que no esté de acuerdo con todo lo que escriben, pero son recursos excelentes. Y George Orwell, que lo sabía y nos advirtió.

La Agenda 21 de la ONU es antiamericana

***

Extracto del resumen de la *Guía legislativa Growing Smart: Leyes modelo para planificar y gestionar el cambio,* edición de 2002

> *Debe ser responsabilidad de todos los sectores planificar y participar en el diseño y ejecución de programas de educación y formación pública.*

> *Aunque las cuestiones políticas y las circunstancias varían considerablemente, es esencial encontrar un terreno común entre una amplia gama de partes interesadas y el público. La creación de consenso forma parte de este proceso. También es necesario educar al público objetivo sobre el valor y los beneficios del crecimiento inteligente y la planificación, y desmentir los mitos utilizados por los opositores para tergiversar el crecimiento inteligente.*

> *Es igualmente importante oponerse a los intereses que pretenden aprobar una nueva legislación que amplíe las actividades que se consideran expropiaciones reglamentarias y que, por tanto, requieren una compensación en virtud de la Quinta Enmienda de la Constitución de los Estados Unidos.*

¿Traducción? Su gobierno está empeñado en adoctrinarle para que acepte la ingeniería social en el uso del suelo, y luchará contra cualquiera que diga la verdad al respecto. Si intentas aprobar una ley que te permita cobrar por las restricciones en el uso de tu tierra, el gobierno luchará contra ti.

DEFIÉNDASE. HAGA VALER SUS DERECHOS.

Ya publicado

OMNIA VERITAS® OMNIA VERITAS LTD PRESENTA:

JÜRI LINA

ARQUITECTOS DEL ENGAÑO
LA HISTORIA SECRETA DE LA MASONERÍA

Una visión de la red oculta detrás de los acontecimientos pasados y presentes que revela las verdaderas razones de varias guerras y revoluciones importantes.

Este sistema político ha sido construido por fuerzas que actúan entre bastidores

OMNIA VERITAS® Omnia Veritas Ltd presenta:

KEVIN MACDONALD
LA CULTURA DE LA CRÍTICA
LOS JUDÍOS Y LA CRÍTICA RADICAL DE LA CULTURA GENTIL

Sus análisis revelan la influencia cultural preponderante de los judíos y su deseo de socavar las naciones en las que viven, para dominar mejor la sociedad diversa que propugnan sin dejar de ser ellos mismos un grupo etnocéntrico y homogéneo, hostil a los intereses de los pueblos blancos.

Un análisis evolutivo de la participación judía en los movimientos políticos e intelectuales del siglo XX

OMNIA VERITAS Omnia Veritas Ltd presenta:

EUROPEA Y LA IDEA DE NACIÓN
seguido de
HISTORIA COMO SISTEMA
por
JOSÉ ORTEGA Y GASSET

Pero la nación europea llegó a ser "nación" porque añadiera formas de vida que pretenden representar una "manera de ser hombre"

Un programa de vida hacia el futuro

⊘MNIA VERITAS

Omnia Veritas Ltd presenta:

HISTORIA PROSCRITA
I
LOS BANQUEROS Y LAS REVOLUCIONES

POR

VICTORIA FORNER

Los procesos revolucionarios necesitan agentes, organización y, sobre todo, financiación, dinero.

LAS COSAS NO SON A VECES LO QUE APARENTAN...

⊘MNIA VERITAS

Omnia Veritas Ltd presenta:

HISTORIA PROSCRITA
II
LA HISTORIA SILENCIADA DE ENTREGUERRAS

POR

VICTORIA FORNER

"El verdadero crimen es acabar una guerra con el fin de hacer inevitable la próxima."

EL TRATADO DE VERSALLES FUE "UN DICTADO DE ODIO Y DE LATROCINIO"

⊘MNIA VERITAS

Omnia Veritas Ltd presenta:

HISTORIA PROSCRITA
III
LA II GUERRA MUNDIAL Y LA POSGUERRA

POR

VICTORIA FORNER

Distintas fuerzas trabajaban para la guerra en los países europeos

MUCHOS AGENTES SERVÍAN INTERESES DE UN PARTIDO BELICISTA TRANSNACIONAL

OMNIA VERITAS
OMNIA VERITAS LTD PRESENTA:
LA MASONERÍA
de la A a la Z
por John Coleman
En el siglo XXI, la masonería se ha convertido menos en una sociedad secreta que en una "sociedad de secretos".
JOHN COLEMAN
LA MASONERÍA
de la A a la Z
Este libro explica qué es la masonería

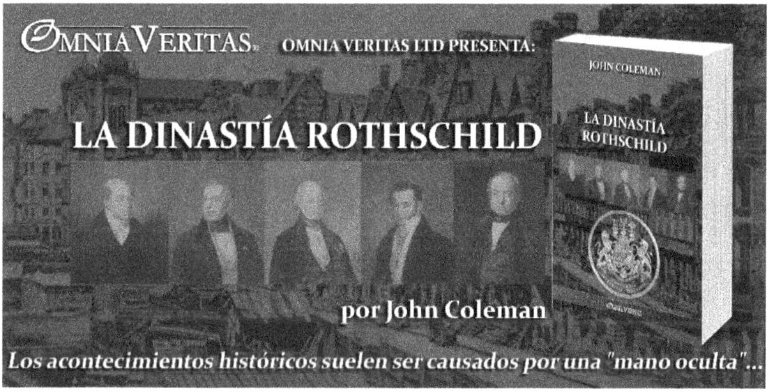
OMNIA VERITAS
OMNIA VERITAS LTD PRESENTA:
LA DINASTÍA ROTHSCHILD
JOHN COLEMAN
LA DINASTÍA ROTHSCHILD
por John Coleman
Los acontecimientos históricos suelen ser causados por una "mano oculta"...

OMNIA VERITAS
OMNIA VERITAS LTD PRESENTA:
EL INSTITUTO TAVISTOCK
de RELACIONES HUMANAS
La formación de la decadencia moral, espiritual, cultural, política y económica de los Estados Unidos de América
por John Coleman
Sin Tavistock no habrían existido la Primera y la Segunda Guerra Mundial
JOHN COLEMAN
EL INSTITUTO TAVISTOCK de RELACIONES HUMANAS
Los secretos del Tavistock Institute for Human Relations

www.ingramcontent.com/pod-product-compliance
Lightning Source LLC
Chambersburg PA
CBHW071119280326
41935CB00010B/1054